Im Land der Träume

Der Autor

Ingo Michael Simon ist Heilpraktiker für Psychotherapie und Hypnosetherapeut. Mit Hilfe hypnosegestützter Psychotherapie behandelt er vor allem Menschen mit anhaltenden psychischen Leiden. Angststörungen aller Art und psychosomatische Erkrankungen bilden den Schwerpunkt seiner Praxistätigkeit. Zu seinen therapeutischen Angeboten gehören hauptsächlich klassische und moderne Hypnoseanwendungen, somato-emotionale Psychotherapie und geführte Trancereisen durch die Welt des von ihm entwickelten TRAUMLANDES als innere Repräsentanz der Emotionen.

Ausbildungskurse

Ingo Michael Simon bietet regelmäßig Ausbildungskurse zu verschiedenen Hypnoseformen von der klassischen Suggestionshypnose bis zu modernen Visualisierungstechniken und natürlich zu der von ihm selbst entwickelten TRAUMLANDTHERAPIE an. Aktuelle Informationen, Angebote und Termine finden Sie auf *www.praxissimon.de.*

Im Land der Träume

Fantasiereisen für Erwachsene

Band 5

Ingo Michael Simon

Im Land der Träume
Fantasiereisen für Erwachsene 5

© 2014 Ingo Michael Simon
Herstellung und Verlag:
BoD - Books on Demand, Norderstedt
ISBN: 978-3-7322-8574-7
Covergestaltung: Magic Merlin

Kontakt zum Autor:

http://www.traumlandtherapie.de
http://www.praxissimon.de

Wichtiger Hinweis
Die Inhalte dieses Buches beruhen auf den praktischen Erfahrungen des Autors mit Hypnoseanwendungen und Psychotherapie im Zustand der Trance. Obwohl sich der Autor um größtmögliche Sorgfalt bemüht hat, können Fehler oder Missverständnisse in der Darstellung nicht vollkommen ausgeschlossen werden. Die therapeutische Arbeit mit Menschen sowie die Anwendung der Hypnose obliegen ausschließlich der Verantwortung des Hypnotiseurs. Es kann nicht ausgeschlossen werden, dass Teile dieses Buches falsch verstanden werden oder die Anwendung eines vorgestellten Verfahrens eine ungewünschte Reaktion beim Klienten bewirken kann. Eine Mitverantwortung des Autors besteht auch dann nicht, wenn unter Hinweis auf die Ausführungen dieses Buches mit einem Klienten gearbeitet wird.

Inhaltsverzeichnis

Vorwort..7

Traumlandtherapie...8

Suchttendenzen (Alkohol)
   Erste Sitzung *(Grundversion)*.....................................14
   Zweite Sitzung *(Vergangenheitsbewältigung)*...............19
   Dritte Sitzung *(Loslassen der Schuldgefühle)*.............24
   Vierte Sitzung *(Verzicht auf Wiedergutmachung)*........29
   Fünfte Sitzung *(Abschlussritual)*.............................34

Angst beim Autofahren
   Erste Sitzung *(Grundversion)*.....................................39
   Zweite Sitzung *(Vergangenheitsbewältigung)*...............44
   Dritte Sitzung *(Loslassen der Schuldgefühle)*.............49
   Vierte Sitzung *(Verzicht auf Wiedergutmachung)*........54
   Fünfte Sitzung *(Abschlussritual)*.............................59

Die neue Buchreihe von I. M. Simon
Zehn Gruppenhypnosen

Band 1: Selbstwert und Selbstachtung

Band 2: Burn Out

Band 3: Übergewicht und Adipositas

Band 4: Angstbewältigung

Band 5: Chronische Schmerzen

Band 6: Psychosomatik

Band 7: Raucherentwöhnung

Band 8: Bulimie und Heißhungerattacken

Band 9: Suchtneigung und Abhängigkeit

Band 10: Sammelleidenschaft

Eine gute Gruppenhypnose ist anders als eine Einzelhypnose für mehrere. Die Textbausteine dieses Buches sind speziell für die Arbeit mit Gruppen formuliert und berücksichtigen sowohl die Anwesenheit als auch das energetische Potenzial der Teilnehmer der Hypnosesitzungen!

Vorwort

Die von mir entwickelte TRAUMLANDTHERAPIE ist eine Form der Begleitung und Behandlung für Menschen, die in schwierigen Lebensphasen oder im Umgang mit Krankheiten alternative Hilfe suchen. Als Heilpraktiker für Psychotherapie arbeite ich vor allem mit Klienten, die unter schweren Angstzuständen leiden oder von Zwängen und anderen neurotischen Störungen betroffen sind. In den letzten Jahren der intensiven Auseinandersetzung mit tieferen Zugangsmöglichkeiten zu den verdrängten Emotionen meiner Klienten, die ich vor allem für sie selbst erfahrbar und verstehbar machen möchte, habe ich die spezielle Vorgehensweise der Traumlandreisen entworfen und kontinuierlich weiter entwickelt. Die Tagtraumreisen oder Fantasiereisen im und durch das Land der Träume können dabei in einer einfachen Form zur Entspannung und zum Abbau von Stressbelastungen eingesetzt werden, in der therapeutischen Version können damit mentale Probleme und psychische Störungen bis hin zu schweren krankhaften Psychosyndromen therapiert werden. Meine Erfahrung hat gezeigt, dass auch die begleitende Behandlung körperlicher Erkrankungen und die Therapie des psychischen Anteils der Krankheiten im Sinne einer psychosomatischen Psychotherapie von den Fantasiereisen der Traumlandtherapie profitieren. Da ich seit Jahren Texte für Hypnose- und Trancetherapeuten veröffentliche und immer wieder Anfragen zu der therapeutischen Version der Traumlandreisen erhalte, habe ich die Homepage der Traumlandtherapie überarbeitet. Auf *www.traumlandtherapie.de* gibt es Hörproben und Ausbildungsangebote und natürlich auch die Möglichkeit, Termine in meiner Praxis zu vereinbaren. Ich wünsche allen Therapeuten und Beratern, allen kranken und leidenden Menschen, aber auch allen, die sich aus anderem Grund für diese Fantasiereisen interessieren, dass sie im Land der Träume sich selbst neu und anders begegnen können und Befreiung und Zufriedenheit finden.

Ingo Michael Simon
Mai 2014

Die Traumlandtherapie

Die Arbeit mit Fantasiereisen (Trancegeschichten) ist älter als die Hypnosetherapie. Märchen und Erzählungen haben eine besondere Bedeutung, die in allen Kulturen der Welt weitgehend gleich ist. Sie werden erzählt, um Angst zu vertreiben, um Ruhe zu finden und um den Kindern etwas Lehrreiches mit auf den Weg zu geben. Verpackt in eine Geschichte soll auf Gefahren aufmerksam gemacht werden, sollen Moral und Tugend aufgebaut und gefördert werden und nicht zuletzt sollen böse Geister vertrieben werden. Im Grunde genommen geht es in Märchen immer um etwas Heilsames. Viele Therapeuten wehren sich sicherlich bei der Behauptung, dass eine Fantasiereise ein Märchen sei. Das hat wahrscheinlich damit zu tun, dass der Fantasiereise oder Trancegeschichte eine therapeutische Absicht anhaftet, was bei den Kindermärchen nicht der Fall ist. Dennoch wirkt das gleiche Prinzip. Unsere Vorstellungskraft wird gefordert. Wir versetzen uns beim Anhören immer in das Märchen oder eben in die Trancegeschichte hinein. Dabei spielt es keine Rolle, ob wir die Geschichte interessant oder albern finden. Wir gehen automatisch in die verschiedenen Figuren und Rollen hinein und machen uns ein Bild davon, was wir wohl selbst tun würden in der einen oder anderen Situation. Märchen beinhalten meistens Elemente, die nicht realistisch sind. Zauberei, Magie oder Wesen, die uns im Alltag nicht begegnen, spielen hier oft eine Rolle. Gleichzeitig ist der Kern der Geschichte doch immer sehr realistisch und gibt Anknüpfungspunkte zu unserem Leben. Die vermittelte Botschaft ist meistens eine Aufforderung, sich gut und ehrbar zu verhalten. Darauf verzichtet Therapie natürlich. Es geht ja nicht darum, einen moralisch guten Menschen zu erziehen, sondern Symptome zu lindern. Es ist jedoch das gleiche Prinzip. Fantasiereisen können Elemente oder Abläufe enthalten, die zauberhaft oder märchenhaft sind. In meinem Buch *Wellen am Horizont* gibt es beispielsweise eine Geschichte, bei der es um einen Freiheitsflug geht. Bei einer Fantasiereisen geht das einfach, indem wir die Arme ausbreiten und fliegen. In der Fantasie ist das kein Problem. Wer kennt nicht diese Fantasien, fliegen zu können, zaubern zu können? Gleichzeitig geht es aber auch um ganz reale Probleme oder im Falle der Behandlung von

Krankheiten auch um Symptome. Das Problem des Klienten wird in eine Geschichte verpackt, die ein symbolisches Spiegelbild der Thematik ist. Das wird intuitiv verstanden, so wie wir Metaphern und Vergleiche sehr leicht verstehen. Die von mir entwickelte Traumlandtherapie arbeitet mit ganz speziellen Märchen, genau genommen mit einer Märchenwelt, die der Klient selbst mit Leben füllt. Im Unterschied zu vielen anderen Trancegeschichten oder Fantasiereisen gibt es hier keinen vorgezeichneten Handlungsablauf und - zumindest bei den Fantasiereisen für Erwachsene - nur selten Figuren, denen ich Worte in den Mund lege. Meistens ist der Klient alleine im Land der Träume unterwegs und erkundet seine Emotionen und Bilder seiner Erinnerungen, um neue Wege zu finden. Manchmal trifft er auch Figuren, die in seiner Fantasie von alleine anfangen zu sprechen, ohne dass ich Inhalte oder Worte vorgebe. Die Traumlandreisen sind so aufgebaut, dass verdrängte Gefühle und Ereignisse wiederbelebt werden und auf einer tiefen Gefühlsebene verstanden und verarbeitet werden. Daher kommt die Traumlandreise auch ohne direkte oder verklausulierte Zielsuggestionen aus. Ziele und Wege findet der Klient im Land der Träume selbst. Es handelt sich also weniger um eine tatsächliche Geschichte als um eine Reise durch die eigenen Emotionen. Dabei kann der Zuhörer mehrfach die Perspektive wechseln und seine Probleme von verschiedenen Seiten her betrachten. Im Verlauf der Trancereise kann er außerdem Lösungswege ausprobieren und seine eigene Kreativität und innere Heilkraft wecken. Trancereisen regen immer zum Denken und Fühlen an, können praktisch keinen Schaden anrichten und sind leicht verfügbar. Mit etwas Fantasie können wir uns täglich neue Trancereisen ausdenken und sie unseren Klienten in der Beratung oder in der Therapie anbieten. Wenn sie sich für die Traumlandtherapie interessieren und diese gerne selbst erlernen möchten, besuchen sie mich doch einfach einmal auf meiner Homepage und informieren sich über aktuelle Kursangebote zur Traumlandtherapie auf *www.traumlandtherapie.de.*

Ich werde häufig auf meine Fantasiereisen angesprochen. In meinen Ausbildungsgruppen und von meinen Klienten höre ich immer wieder, dass die Geschichten sehr berührend sein können. Ich werde dann sehr oft gefragt, worauf denn zu achten sei beim Formulieren einer Fantasiereisen, um Schäden beim Klienten zu vermeiden. Natürlich gibt es gute und weniger gute Trancereisen. Doch sorgen sie sich nicht. Sie schaden ihrem Klienten nicht mit einer Geschichte, auch nicht mit einer visualisierten Reise durch seine Emotionen und Gedanken. Doch ich kenne schon das nächste Argument: Was helfen kann, kann auch schaden. Wer hilft, verändert ja etwas. Also kann auch eine negative Veränderung eintreten. - Ich bleibe stur! Fantasiereisen sind ungefährlich. Wir geben unseren Klienten Raum, da zu sein und sich zu öffnen. Ich versichere ihnen, dass das Gegenteil viel dramatischer ist: Schweigen, Ablenken und nicht darüber reden oder nicht einmal an die Probleme denken. Das führt zu einem immer größer werdenden inneren Druck, der die Problematik verschlimmert. Ich verzichte auf eine theoretische Erklärung der Wirkungsweise von Fantasiereisen und darüber, welche Wörter man benutzen oder lieber weglassen sollte, wenn man solche Geschichten schreibt oder frei formuliert. Probieren Sie die Tagträumereien einfach einmal aus und versuchen Sie doch einmal nach einiger Zeit, selbst eine Fantasiereise zu schreiben. Sie werden sehen, dass es vor allem auf die liebevolle und zärtliche Grundhaltung beim Formulieren und beim Lesen oder Sprechen ankommt, auf Respekt und ehrliche Akzeptanz. Das ist dann schon mehr als genug, um eine gute und auch therapeutische Wirkung zu erzielen.

Die Fantasiereisen der Traumlandtherapie folgen jedoch einem klaren Aufbau, den ich im Verlauf meiner Praxistätigkeit entworfen und weiterentwickelt habe. Das hat vor allem damit zu tun, dass es sich in meiner Arbeit überwiegend um Therapie handelt und eine klare Struktur den Ablauf der Sitzung erleichtert. In der direkten Arbeit mit meinen Klienten lese ich nie einen Text ab, sondern formuliere alle Fantasiereisen oder Hypnosetexte frei und individuell. Doch es wäre nicht sehr professionell, einfach drauf los zu erzählen. Unsere Klienten brauchen in der Regel etwas Zeit, um von Alltagsgedanken Abstand zu nehmen und sich auf das Fantasieren und Visualisieren einzustellen. Außerdem geht es ja nicht um freie Assoziation des Klienten sondern um die Konfrontation mit Themen und Eigenanteilen. Ein klarer Aufbau, der die innere Schrittfolge von Erkennen, Verstehen und Verändern berücksichtigt, bietet sich daher dringend an. Bereits die Rückmeldungen zu den ersten

Bänden meiner Buchreihe *Zehn Hypnosen* hatten gezeigt, dass der Bedarf an therapeutischen Texten hoch ist. Ich habe bereits früher Fantasiereisen in Büchern veröffentlicht, gehe mit dieser neuen Buchreihe nun aber dazu über, den Aufbau der Reisen deutlicher zu strukturieren und damit für die Leser nachvollziehbar zu machen. Die einzelnen Abschnitte sind daher jeweils am Anfang mit einem kursiv gedruckten Hinweis versehen, der klarstellt, welche therapeutische Funktion der betreffende Textteil hat. Folgende Schritte gehören zu einer therapeutischen Fantasiereise des Traumlandes:

1. Hinführung zum Thema (Themeninput)
2. Ankommen im Land der Träume
3. Distanzierung vom Bewussten
4. Bewusstseinsreinigung
5. Konfrontation und Klärung
6. Schritt in die Gegenwart
7. Kreative Neuausrichtung
8. Selbstversöhnung
9. Achtsamkeit und Selbsttreue

Die Hinführung zum Thema sollte immer möglichst nah am tatsächlichen Erleben und an der Geschichte des jeweiligen Klienten formuliert werden. Ich habe diesen Abschnitt am Anfang jeder Trancereise kursiv gedruckt und in Klammern gesetzt. Entscheiden sie selbst, ob sie diese Einleitung so übernehmen oder eine individuelle Hinführung benutzen. Ich habe darauf geachtet, alle Textteile so zu formulieren, dass sie auch ohne Anpassung und Umformulierung benutzt werden können. Wenn sie mit einem Klienten in mehreren Sitzungen arbeiten, empfehle ich die Abschnitte *Ankommen im Land der Träume, Bewusstseinsreinigung, Schritt in die Gegenwart* und den letzten Abschnitt, *Achtsamkeit und Selbsttreue,* ab der zweiten Sitzungen immer sehr ähnlich zu halten. Diese Schritte gelten als Fixpunkte für den Klienten, der in jeder Reise einen unterschiedlichen Schwerpunkt seines Themas bearbeitet und sich an dem verlässlichen Gerüst dieser Abschnitte festhalten kann. Er erkennt das Land der Träume an diesen „Stationen" immer wieder als die Plattform seiner inneren Auseinandersetzung mit sich selbst. So kann der Klient in jeder Sitzung ein sehr unterschiedliches und sich stark veränderndes Land der Träume erleben, gleichzeitig aber vertraute und ihn führende Elemente wieder erkennen. Die jeweils erste Fantasiereise dient als Grundversion, die dem Zuhörer das Land der Träume und das Grundprinzip der verdrängten Gefühle erklärt. Daher weicht der Aufbau der ersten Sitzung von der typischen Schrittfolge, die ich gerade erläutert habe, ab. Eine Tranceeinleitung oder Induktion ist nicht erforderlich. Fantasiereisen führen ganz von selbst in einen Entspannungszustand, der einer Therapietrance entspricht. Dieser Zustand ist vollkommen ungefährlich. Lassen sie ihrem Klienten am Ende der Reise etwas Zeit zum Wachwerden und helfen sie etwas dabei. Auch hierzu ist keine klassische Tranceausleitung notwendig, kann aber verwendet werden. Ich habe eine „Ausleitung" an das Ende jeder Reise gehängt.

Für jedes Buch dieser Reihe wähle ich zwei verschiedene Themen aus, zu denen ich jeweils fünf Fantasiereisen schreibe, die als Sitzungsfolge verstanden werden können. Die Reihenfolge und die Vorgehensweise der fünf Fantasiereisen sind so gewählt, dass sie als Therapeut mit einem Klienten in der Schrittfolge der Traumlandtherapie fünf aufeinander folgende Sitzungen gestalten können. Wenn sie die Reisen für sich selbst nutzen wollen, nehmen sie sich einfach die fünf Reisen als Audiodatei auf und hören sie sich diese an. Nutzen sie jede Aufnahme für die Dauer einer Woche und hören sie diese täglich an. Spüren sie dann selbst die Wirkung. Denken sie bitte auch daran, dass selbst gesprochene Fantasiereisen nicht die Behandlung durch einen Arzt oder Heilpraktiker ersetzen. Die einzelnen Fantasiereisen bauen jedoch nicht inhaltlich aufeinander auf, das ist auch in meiner Praxis nicht so. Der Zuhörer muss nicht die zweite gehört haben um die dritte zu verstehen. Es können also auch einfach einzelne Reisen, die ihnen gut gefallen, in der Praxis benutzt werden. Alle Texte sind leicht zu verstehen, auch ohne jede Vorkenntnis. Sie wollen wissen, welchem Grundverständnis die Traumlandtherapie folgt? Nichts einfacher als das. Lesen sie einfach eine Grundversion (Erste Sitzung). Dann wissen sie alles, was wichtig ist. Sie müssen nicht danach suchen. Sie werden sehen, dass sich die Traumlandtherapie selbst erklärt.

Der neue Audio-Fernkurs mit Trainingswochenende!

Zertifizierter Traumlandtherapeut

von und mit
Ingo Michael Simon

Infos und Anmeldung auf

**www.traumlandtherapie.de
www.praxissimon.de**

Suchttendenzen (Alkohol)
Erste Sitzung (Grundversion)

[Dir ist aufgefallen, dass du zu viel trinkst oder genauer gesagt, dass du zu schnell zum Glas oder zur Flasche, zum Alkohol greifst. Das war nicht immer so. Du hast diese Veränderung bemerkt und du denkst darüber nach, warum das so ist und vor allem, wie du es ändern kannst. Trinken ist nicht wirklich das, was du willst, doch du befürchtest, die Kontrolle zu verlieren. Du willst also die Kontrolle zurück erobern und wieder selbst darüber entscheiden, ob und wann du Alkohol trinkst, auch wie viel du trinkst. Sicher hast du einige Erklärungen für das schnelle Trinken gefunden, doch es gibt auch Gründe, die du noch nicht kennst. Diese Gründe kannst du finden und du kannst sie auch auflösen. Du kannst das Trinken beenden, noch bevor es wirklich zum dauerhaften Problem wird. Ich biete dir den Weg des Traumlandes an, ein Weg, der anders ist als dein bisheriges Denken, doch gleichzeitig ein Weg, der dich zum Ursprung zurück führt. Zum ursprünglichen Zustand deiner Gefühle und Stimmungen, zu der Natürlichkeit deiner Empfindungen. Du brauchst dazu nur etwas Fantasie, das genügt schon.]

Ankommen im Land der Träume. In unserer Fantasie träumen wir uns manchmal an die schönsten Orte, die wir uns ausmalen können ... ... wir tauchen einfach ab in eine innere Welt der Vorstellung und Kreativität ... ... eine Welt, in der wir beschützt und getragen sind ... ... eine Welt, in der uns alles gelingt und alle Wege offen stehen ... ... und diese Welt gibt es tatsächlich ... ... denn Fantasie und Wirklichkeit sind nur einen Wimpernschlag voneinander entfernt ... ... Also lade ich dich heute dazu ein, mit mir gemeinsam in diese Welt zu gehen ... ... in dieses Land der unbegrenzten Möglichkeiten tief in dir ... ... das Land der Träume ... ... Du hörst das Geräusch deines Atems wie das Rauschen des Windes, der deine Gedanken forttragen kann ... ... und mit dem Wind deines Atems gehst du auf die Reise in das Land der Träume ... ... in genau diesem Augenblick kommst du dort an ... ...

Der heilsame Weg. Das Land der Träume ist ein besonderer Ort, ein Ort, an dem du lernen kannst, was dich zum Alkohol greifen lässt ... ... Du kannst hier auch lernen und erkennen, dass es einen Weg der Veränderung gibt, einen Weg, der dich immer nur zu dir selbst führt und damit vom Alkohol weg ... ... dein Befreiungsweg im und durch das Land der Träume ... ... Aus diesem Grund bist du hier, um dich von alten Denkmustern und unklaren Stimmungen zu lösen, um zu erkennen, welche Bedürfnisse du da eigentlich mit dem Alkohol befriedigst ... ... Das Land der Träume ist das schönste Land, das du je gesehen hast. Wahrscheinlich kann sich jeder Mensch ein Traumland vorstellen, also kannst es auch du ... ... Vielleicht gibt es in deinem Traumland hohe Berge und tiefe Täler, weite Wiesen und dunkle Wälder, wilde Flüsse und stille Seen, und wenn du Tiere magst, kann es hier ganz viele freundliche Tiere geben. Der Himmel über dir ist wunderschön, genau so wie du ihn am liebsten hast. Wenn du die Sonne magst, soll es ein Sommerhimmel sein, wenn du lieber einen stürmischen Herbsthimmel mit vielen Wolken haben willst, dann soll es so sein oder eben so, wie du den Himmel liebst ... ... Du stehst auf einem breiten Weg und gehst einfach los. Du folgst diesem Weg, der dich in einen Wald führt, der im Land der Träume immer der Wald deiner Gedanken ist ... ... Alle Gedanken, die du einst hattest, sind hier, auch alle Gedanken, die du irgendwann noch denken wirst, genau so wie alle Gedanken, die du in diesem Augenblick haben könntest, bereits hier sind und darauf warten, von dir gefunden zu werden ... ... Du kommst zur Lichtung der Farben. Tief im Wald der Gedanken findest du diesen ruhigen und schönen Platz, der dich zum Verweilen einlädt ... ... Farben können dir im Land der Träume helfen, sie haben Botschaften für dich, und jede Farbe hat ihre eigene, ganz spezielle Aufgabe und Bestimmung ... ... Du entdeckst einen bequemen Platz, einen weichen Sessel oder eine Hängematte oder eine Liege, auf der du bequem liegen kannst ... ... Du machst es dir so richtig bequem an diesem Platz. Hier kannst du in die Farben des Traumlandes eintauchen, dich ganz und gar von den einzelnen Farben und ihren Bedeutungen für dich erfassen lassen ... ... Zuerst tauchst du ein in die Farbe Grau. Die Farbe Grau entsteht nicht durch den Mangel an Farben, sondern durch viele Farben, die sich überlagern. So kannst du im Grau nicht mehr erkennen, welche Farben eigentlich da sind ... ... Die Farbe Grau erinnert dich an die schweren Zeiten in deinem Leben, an jedes Leid, das du einst erfahren hast ... ... Dann wirst du ganz und gar von weißem

Licht umhüllt. Reines, weißes Licht umgibt dich und löst jedes Grau auf … … Die Farbe Weiß sorgt für Reinheit und Klarheit im Land der Träume und damit auch in deinen Gedanken und in deinem Gefühl. Das Weiß hilft dir, die Schatten der Vergangenheit aufzulösen und dich zu befreien vom Alkohol … … Als nächstes tauchst du ein in die Farbe Goldgelb. Dies ist die Farbe des Lernens und Verstehens. So vieles hast du in deinem Leben schon gelernt. Hier im Land der Träume hilft dir die Farbe Goldgelb bei einem inneren Lernprozess, der dir zeigt, dass Alkohol nicht das ist, was du wirklich brauchst … … Alles Lernen, das dich vom Alkohol befreien kann, geschieht tief in deinem Gefühl, im Land der Träume … … Dann tauchst du ein in die Farbe Hellblau. Hellblau erinnert dich daran, dass du vieles in deinem Leben loslassen musstest, manches schmerzhaft und unter Tränen, anderes wiederum mit dem Gefühl eines Befreiungsschlages und der Erleichterung. Das Hellblau hilft dir im Land der Träume, die Vergangenheit und damit auch den Alkohol loszulassen … … Tief in dir weißt du, dass jedes Unrecht, das dir widerfahren ist, und jedes Leid, das du einst erlebt hast, Teil deiner Lebensgeschichte ist, die heute nicht mehr geändert werden kann … … Ändern und erneuern kannst du nur die Gegenwart und auch deine Zukunft, die schon in der nächsten Sekunde zur Gegenwart wird, zur einzigen Zeit, die es wirklich gibt … … Die Farbe Hellblau hilft dir dabei, in deiner Gegenwart zu leben, denn nur das ist wirklich möglich … … Dann wirst du ganz und gar von der Farbe Silber umgeben. Silber ist die Farbe der Wahrheit, vor allem der Wahrheit einer konstruktiven Zukunft … … Das Silber des Traumlandes zeigt dir, dass es auch für dich eine schöne und gute Zukunft gibt, eine Zukunft, in der du auf Alkohol sehr leicht und immer wieder verzichten kannst … … Die Farbe Silber ist die Farbe deiner Hoffnung auf Freiheit und Leichtigkeit in deinem Leben … … Als nächste Farbe siehst du die Farbe Gold, die dich umgibt, die dich einhüllt wie ein schützender Mantel aus purem Gold … … Die Farbe Gold ist die wertvollste Farbe im Land der Träume, denn es ist die Farbe der tiefen und unzerstörbaren Kraft in dir. Die Farbe der Lebenskraft, die dir mit deiner Geburt geschenkt wurde, die Farbe der Schöpfung, die auch in dir leuchtet … … Im Land der Träume findest du die Farbe Gold, um diese Schöpfungskraft tief in dir zu spüren und wieder für dich wirken zu lassen … … Schließlich umgibt dich die Farbe

Rot. Ein kräftiges, intensives Rot leuchtet die gesamte Lichtung aus ... ...
Rot ist die Farbe der Liebe ... ... Sie erinnert dich im Land der Träume
daran, dass du dich selbst wieder lieben darfst, so wie es einst war ... ...
Mit der Fähigkeit und dem Willen zur Selbstliebe bist du geboren worden, doch vieles in deinem Leben ist geschehen, und vieles hat dazu
beigetragen, dass du dich selbst nicht immer lieben konntest ... ... Vielleicht kannst du dich schon gar nicht mehr daran erinnern, dass es jemals anders war, dass du dich selbst früher tatsächlich geliebt hast, denn
im Lauf deines Lebens, in den Ereignissen und Erlebnissen deiner Vergangenheit, hast du angefangen an dir zu zweifeln, hast dich immer
wieder verstellen müssen und deine Gefühle verstecken müssen, weil
niemand da war, dem du sie anvertrauen konntest ... ... anfangs nur
manchmal, in ganz bestimmten Situationen oder in einer bestimmten
Umgebung, bestimmten Menschen gegenüber ... ... Später ist es dann
zur Routine geworden, bis du deine eigenen Gefühle selbst nicht mehr
richtig spüren konntest, sondern meistens die Gefühle, die du glaubtest
haben zu müssen ... ... Die Farbe Rot hilft dir, deine eigenen Gefühle
wieder zu finden und so anzunehmen wie sie sind und dich selbst dabei
annehmen und lieben zu können ... ...
Du stehst auf und gehst weiter ... ... Schritt für Schritt ... ... um deine
Gefühle und damit dich selbst im Land der Träume zu finden und zu
befreien. Heute fängst du damit an ... ... Dein Weg führt dich zur Lichtung des einen Problems, ein Platz mitten im Wald deiner Gedanken,
der aus deinen Gefühlen heraus entsteht. Alle Orte im Land der Träume
haben eine Bedeutung, und diese Lichtung zeigt deine Gedanken zum
Alkohol ... ... In der Mitte der Lichtung steht eine große steinerne Ge-
denktafel in der Farbe Grau, auf der ganz oben wie eine Überschrift das
Problem steht, mit dem du dich beschäftigst. Dort steht „Ich trinke zuviel" oder „Ich greife zu schnell zum Alkohol". Und darunter stehen
ganz viele Anforderungen und Einschätzungen von außen, denen du als
Kind und auch als erwachsene Person begegnet bist. Vielleicht steht dort
„Du bist schuldig" oder „Es liegt an dir" oder „Kümmere dich mehr um
andere als um dich selbst", weil du solche Sätze oft gehört oder selbst
gedacht hast. Vielleicht steht dort auch „Stell dich nicht so an". Ganz
von alleine zeigen sich die Sätze, die du so oft gehört und irgendwann
selbst gedacht hast. Doch das waren nicht deine Gedanken und Ein-

schätzungen. Du bist ihnen so oft begegnet, dass du sie irgendwann übernommen hast … … Das musste damals so geschehen, weil du nur so wirklich durchhalten konntest, weil du in deinem Innern nur so überleben konntest. Dich anzupassen, ob nun bewusst oder unbewusst, war deine Strategie … … Du hättest deine Gefühle gerne jemandem erzählt, der dir geholfen hätte, doch du musstest sie zu oft mit dir selbst ausmachen … … gerade dann, wenn es am schwersten war … … So hast du dich versucht abzulenken und dich irgendwie zu trösten … … Heute tröstest du dich mit dem Alkohol, der dir für kurze Zeit Erleichterung verschafft … … Doch diese graue steinerne Tafel wartet darauf, zu Staub zu zerfallen, um deinen wahren Gefühlen Raum zu geben, um wieder ohne Alkohol zurecht zu kommen … … Hier im Land der Träume kannst du deine wahren Gefühle finden, die dir dabei helfen, ob sie nun angenehm oder schmerzhaft sind … …

Emotionale Verankerung und Motivation. Dann läufst du zwischen den Bäumen hindurch und folgst nur noch deinem Gefühl und erreichst das Ende des Waldes. Du gehst nach draußen, stehst auf einer Hochebene … … Von hier aus kannst du das gesamte Traumland überblicken. Du siehst Berge und Täler, Flüsse und Seen, Wiesen und Wälder. Dieses weite Land gehört dir, es wartet darauf, von dir entdeckt und erkundet zu werden … … Hier kannst du dich selbst und deinen Frieden finden, heute schon und an jedem Tag deines Lebens ein weiteres Stück … … Du machst dir klar, dass das Land der Träume ganz tief in dir drin ist … … Dort war es schon immer … … Ich erzähle dir nur davon.

[Sei ganz in deinem Gefühl und spüre in deinen Körper hinein. Begegne dir selbst mit Achtsamkeit und Respekt, Achtsamkeit und Respekt für deinen Körper, für deine Gedanken und für dein Gefühl. Genieße diesen Augenblick und erlaube dir, immer wieder in diesen Zustand zurückzukehren, jeden Tag einen Hauch dieser Zuwendung zu dir selbst zu spüren. So wie du den Wind deines Atems spüren kannst. Und damit stellst du dich für heute darauf ein, wieder zurück zu kommen, wieder ganz hier in diesem Raum zu sein und wach zu werden. Dein Alltag, den du neu gestalten kannst, wartet auf dich. Öffne die Augen und sei wach!]

Suchttendenzen (Alkohol)

Zweite Sitzung (Vergangenheitsbewältigung)

[Du hast darüber nachgedacht, warum du in der letzten Zeit so schnell zum Alkohol greifst. Manchmal bemerkst du es erst nachdem du ein Glas getrunken hast. Dann fragst du dich, warum es so sein musste, warum du trinkst. Es ist dir also aufgefallen, dass das trinken nichts mit Genuss zu tun hat, sondern mit kurzfristiger Erleichterung. Vielleicht hat der Alkohol auch noch andere Funktionen oder Wirkungen, die du benutzt, wenn du zum Glas oder zur Flasche greifst. Du kennst inzwischen das Land der Träume, das dir die Geschichte von den verdrängten und verleugneten Gefühlen erzählt. Die Geschichte, die deine eigene Geschichte ist. Es erzählt dir aber auch, dass all das, was uns belastet und krank macht, geändert werden kann, indem wir den Weg des Traumlandes gehen. Dieser Weg führt zurück zu unseren wahren Gefühlen und Stimmungen, zu dem, was uns wirklich ausmacht. Der Weg des Traumlandes führt immer zu uns selbst. Du begibst dich also heute auf genau diesen Weg, der nur zu dir selbst führt und damit immer an den richtigen Ort. Denn die Wege der Veränderung und Erneuerung, die Wege der Befreiung vom Alkohol liegen tief in dir. Du kannst sie finden und du kannst auf ihnen gehen.]

Ankommen im Land der Träume. In unserer Fantasie träumen wir uns manchmal an die schönsten Orte, die wir uns ausmalen können … … wir tauchen einfach ab in eine innere Welt der Vorstellung und Kreativität … … eine Welt, in der wir beschützt und getragen sind … … eine Welt, in der uns alles gelingt und alle Wege offen stehen … … und diese Welt gibt es tatsächlich … … denn Fantasie und Wirklichkeit sind nur einen Wimpernschlag voneinander entfernt … … Also lade ich dich heute dazu ein, mit dir gemeinsam in diese Welt zu gehen … … in dieses Land der unbegrenzten Möglichkeiten tief in dir … … das Land der Träume … … Du hörst das Geräusch deines Atems wie das Rauschen des Windes, der deine Gedanken forttragen kann … … und mit dem Wind deines Atems gehst du auf die Reise in das Land der Träume … … in genau diesem Augenblick kommst du dort an … …

Distanzierung vom Bewussten. Du hörst die Vögel zwitschern und das Wasser fließen, denn du bist im Land der Träume, in dem die Natur alles beherrscht ... ... Du stellst dir vor, wie schön es sein kann, ganz in einem natürlich Zustand zu leben ... ... im Einklang mit deinen eigenen Gefühlen und Empfindungen ... ... Vielleicht dachtest du lange Zeit, dass du genau weißt, was du fühlst und denkst, doch wir wissen es nicht immer so genau ... ... manchmal haben wir nur gelernt, bestimmte Gefühle zu haben, die wir dann deutlich spüren, die aber nicht unsere eigenen sind, nicht unsere wahren Gefühle ... ... Doch heute bist du unterwegs durch die Natur des Traumlandes, um deine eigene Natur wieder zu finden, deine wahren Gefühle zu entdecken und zu befreien ... ...

Bewusstseinsreinigung. Du gehst unter den Ästen eines großen blühenden Apelbaumes hindurch und plötzlich fallen weiße Blütenblätter vom Baum herab ... ... Du bleibst stehen und schaust den taumelnden Blütenblättern des Baumes zu ... ... Zuerst sind es einige wenige, dann immer mehr und mehr ... ... Es regnet weiße Blütenblätter, die sanft und weich zu Boden fallen ... ... Einige bleiben an deinem Körper hängen, in deinen Haaren, an deinen Armen und Beinen ... ... und am Boden sammeln sich immer mehr weiße Blütenblätter, die ihn wie Schnee bedecken und weiß färben ... ... Du fängst die Blütenblätter mit geöffneten Händen ... ... und mit einem großen Schritt gehst du unter den Ästen des Baumes hindurch und setzt deinen Weg fort ... ...

Konfrontation und Klärung. Du entdeckst einen kleinen Garten, der von einem goldgelben Zaun eingerahmt wird ... ... Du gehst zu der kleinen Tür im Zaun ... ... Dort hängt ein Schild mit der Aufschrift „Garten des einen Augenblicks" ... ... Du öffnest die Tür und gehst in den Garten, weil du das Gefühl hast, dass du hier einen ganz besonderen Augenblick erleben kannst ... ... vielleicht sogar einer der wichtigsten Augenblicke deines Lebens ... ... Der Garten sieht ziemlich verwuchert aus, mit ganz viel Gestrüpp und Dornen ... ... Doch du findest einen schmalen Pfad, der zur Mitte des Gartens führt ... ... Du kommst zu einem kleinen Teich ... ... Du näherst dich dem Ufer des Teiches ... ... Dort steht eine goldgelbe Bank, auf der du Platz nimmst ... ... Du schaust auf das glasklare Wasser des kleinen Teiches, der viel tiefer ist als du dachtest ... ... und aus der Tiefe des kleinen Teiches siehst du Bilder aufsteigen, die langsam nach oben kommen ... ... es sind Bilder aus deinem eigenen Leben, die wie schwimmende Poster aus der Tiefe an die Oberfläche steigen ... ... vor allem sind es solche Bilder, die dir eine Zeit zeigen, in der du deine eigenen Gefühle am wenigsten haben durftest ... ... vielleicht schon vor sehr langer Zeit, weil du damals niemanden hattest, dem du deine Gefühle hättest zeigen oder erzählen können ... ... Du schaust einfach auf die Oberfläche des Wassers und lässt die Bilder aufsteigen ... ... Sie zeigen sich von ganz alleine ... ... vielleicht Bilder aus deiner Kinderzeit oder aus deiner Jugend ... ... denn schon damals war es so, doch du hast immer wieder die Erfahrung gemacht, deine Gefühle nur für dich zu behalten, weil du dachtest, sie wären es nicht wert, gesehen zu werden ... ... Du schaust die Bilder an und tauchst noch einmal ein in die Zeit, die sie zeigen ... ... Damals hast du gelernt, alles mit dir selbst auszumachen, deine Gefühle zu verschweigen und zu verdrängen ... ... dich abzulenken ... ... Du erinnerst dich, wie du dich damals abgelenkt hast und du erinnerst dich daran, wie du dich in der letzten Zeit ablenkst, nämlich mit Alkohol ... ... Du kannst Bilder von Menschen erkennen, die eine Rolle gespielt haben oder immer noch spielen ... ... Menschen, denen du dich vielleicht gerne mitgeteilt hättest ... ... vielleicht hast du es bei einigen auch versucht, doch deine Mitteilungen sind nicht gehört worden ... ... sind nicht angekommen ... ... Du siehst auch Bilder von Situationen und Ereignissen, bei denen du ganz besonders deutlich gespürt hattest, dass deine wahren Gefühle nicht sein durften ... ... Du hast sie also für dich behalten und sie verdrängt ... ... und eines Tages hast du einen großen Teil davon gar nicht mehr gespürt, weil du immer wieder erlebt hattest, dass die Gefühle unerwünscht waren ... ... Damals ist es so gekommen, dass du gelernt hast, dich abzulenken von deinen eigenen Gefühlen und Empfindungen ... ... Heute ist es anders ... ... Heute lernst du von den gleichen Bildern und Erinnerungen, von den gleichen Personen, wie das geht, deine wahren Gefühle deutlich zu spüren ... ... auch und gerade dann, wenn es dir nicht sofort gelingt, sie zum Ausdruck zu bringen ... ... Heute geht es ... ... und es geht von alleine ... ... Du musst gar nichts tun, nichts erledigen ... ... Es geschieht in dir drin, im Land deiner Gefühle und Erinnerungen ... ... im Land der Träume ... ... Dann lösen sich die Bilder an der Oberfläche des Wassers langsam auf, denn du brauchst sie jetzt nicht mehr … … Dein inneres Lernen geht weiter … … Du stehst auf und gehst zurück zum Gartenzaun … … Du verlässt den Garten durch das Türchen im Zaun und gehst weiter … … Du folgst dem Geräusch des fließenden Wassers … …

Schritt in die Gegenwart. Du kommst zum Fluss des Lebens, hörst das Wasser fließen … … Du stehst am Ufer und schaust auf das klare Wasser des Flusses … … Dann gehst du am Ufer entlang und vor dir erscheint ein goldenes Boot … … Es entsteht plötzlich vor deinen Augen … … das Boot der inneren Freiheit, das dich in die Gegenwart bringt … … in die einzige Zeit, die es tatsächlich gibt … … Vergangenheit ist nur eine Vorstellung davon, was früher einmal war, Zukunft wird zur Gegenwart der nächsten Sekunde … … Du steigst in das goldene Boot … … Es glitzert und funkelt im Licht der Sonne … … Du nimmst die goldenen Paddel und ruderst los, mit festen und entschlossenen Zügen ruderst du zur anderen Seite … … Zug um Zug näherst du dich dem gegenüber liegenden Ufer und kommst im Augenblick der Gegenwart an … …

Kreative Neuausrichtung. Du steigst aus dem Boot und gehst weiter, dann kommst du zu einer Blumenwiese … … Am Rand der Wiese stehen Flaschen mit Alkohol, doch du gehst an ihnen vorbei … … Du brauchst jetzt keinen Alkohol und du willst jetzt auch keinen Alkohohl … … Du gehst auf die Wiese, in die Natur … … und mitten auf der Wiese steht ein silberner Spiegel … … Du gehst zu dem Spiegel und schaust hinein … … Dort siehst du dich selbst in einer nahen Zukunft … … Du siehst dich selbst in genau den Situationen, in denen du in der letzten Zeit meist getrunken hast, doch es ist anders … … Du bist anders, denn du trinkst keinen Alkohol … … Du hast nicht einmal Lust darauf, denn du spürst, was du wirklich spürst … … Du denkst, was du wirklich denkst … … Du bist, wer du wirklich bist … … und alles ist richtig so … … vielleicht heute schon oder morgen … .. oder an jedem weiteren Tag deines Lebens, denn Zukunft beginnt schon mit dem nächsten Wimpernschlag … …

Selbstversöhnung. Dann richtest du den Blick nach vorne, zum Horizont … … von dort aus kommt dir ein Kind entgegen … … Du hast das Ge-

fühl, dieses Kind zu kennen, denn sein Gesicht ist dir gut bekannt ... ...
Dieses Kind sieht so aus wie du als Kind ausgesehen hast ... ... und mit
jedem Schritt, den es näher kommt, spürst du intensiver, dass du auf
dich selbst zugehst ... ... Du begegnest diesem Kind, das im Land der
Träume dein inneres Kind ist, das Kind in dir, das auf dich wartet ... ...
mit all den Enttäuschungen und der Sehnsucht der Vergangenheit ... ...
doch auf dem Weg zu dir und deiner Gegenwart ... ... Wortlos ergreift
es deine Hand und begleitet dich auf deinem Weg ... ... Das Kind begleitet dich bis du die Stimmen ganz vieler Kinder hören kannst ... ... Es
sind die Stimmen der glücklichen Kinder, die warten ... ... Dann drückt
dich dein inneres Kind ganz fest zum Abschied und läuft zu den glücklichen Kindern am Horizont, um dort auf dich zu warten ... ...

Achtsamkeit und Selbsttreue. Dann gehst du über die Blumenwiese und
kommst zu einem Apfelbaum ... ... An dem Baum hängen leuchtend rote
Äpfel ... ... Du pflückst den größten Apfel, den du finden kannst und
beißt hinein ... ... Er schmeckt süß und saftig ... ... Du machst es dir
unter dem Baum bequem ... ... eine rote Wolldecke lädt dich zum Ausruhen ein ... ... Du legst dich auf die Decke und isst den roten Apfel und
mit jedem Bissen wird es wärmer in dir ... ... Du schließt die Augen und
fängst an zu träumen ... ... Du träumst von Frieden und Freiheit tief in
dir und von den glücklichen Kindern, die mit Körben voller roter Äpfel
zum Horizont laufen ... ... und in deinem Traum läufst du mit ihnen ...
... Dann fällt dir ein, dass das Land der Träume ganz tief in dir drin ist
... ... Dort war es schon immer ... ... Ich erzähle dir nur davon ... ...

*[Sei ganz in deinem Gefühl und spüre in deinen Körper hinein. Begegne
dir selbst mit Achtsamkeit und Respekt, Achtsamkeit und Respekt für
deinen Körper, für deine Gedanken und für dein Gefühl. Genieße diesen
Augenblick und erlaube dir, immer wieder in diesen Zustand zurückzukehren, jeden Tag einen Hauch dieser Zuwendung zu dir selbst zu spüren. So wie du den Wind deines Atems spüren kannst. Und damit stellst
du dich für heute darauf ein, wieder zurück zu kommen, wieder ganz
hier in diesem Raum zu sein und wach zu werden. Dein Alltag, den du
neu gestalten kannst, wartet auf dich. Öffne die Augen und sei wach!]*

Suchttendenzen (Alkohol)
Dritte Sitzung (Loslassen der Schuldgefühle)

[Du bist kein Trinker, doch du kennst das Verlangen oder den Wunsch nach Alkohol, der manchmal recht stark war. Du hast mit der Zeit bemerkt, dass du schneller nach dem ersten Glas greifst und Alkohol trinkst. Mehr und schneller als früher. Es ist dir aufgefallen und du hast angefangen, etwas dagegen zu unternehmen. Du hast inzwischen verstanden, dass das Trinken oft ein Selbsttrost war, ein Versuch, Verletzungen und Ängste nicht so deutlich zu spüren. Du hast aber auch erlebt, dass dieser Selbstbetrug nicht gut funktioniert. So hast du dich auf den Weg gemacht, im Land der Träume wieder deine wahren Gefühle zu finden, wieder zu spüren, was du wirklich spürst. Schmerzhafte Gefühle sind es nicht, die uns lähmen, sondern unklare Gefühle; wenn wir nicht wissen, was wir eigentlich fühlen. Du hast wieder die Kontrolle über das Trinken übernommen. Du kennst auch das schlechte Gewissen, das du so oft in deinem Leben hattest. Immer wieder hast du das Gefühl gehabt, versagt zu haben, nicht genug zu sein, nicht gut genug gewesen zu sein. Doch diese Gefühle waren nur da, weil du deine wirklichen Gefühle immer wieder verdrängen musstest, früher schon, wahrscheinlich schon als Kind und heute eben auch oft. Das alte schlechte Gewissen willst du heute loslassen, denn du brauchst es nicht mehr. Es hat ausgedient.]

Ankommen im Land der Träume. In unserer Fantasie träumen wir uns manchmal an die schönsten Orte, die wir uns ausmalen können … … wir tauchen einfach ab in eine innere Welt der Vorstellung und Kreativität … … eine Welt, in der wir beschützt und getragen sind … … eine Welt, in der uns alles gelingt und alle Wege offen stehen … … und diese Welt gibt es tatsächlich … … denn Fantasie und Wirklichkeit sind nur einen Wimpernschlag voneinander entfernt … … Also lade ich dich heute dazu ein, mit dir gemeinsam in diese Welt zu gehen … … in dieses Land der unbegrenzten Möglichkeiten tief in dir … … das Land der Träume … … Du hörst das Geräusch deines Atems wie das Rauschen des Windes, der deine Gedanken forttragen kann … … und mit dem Wind deines Atems gehst du auf die Reise in das Land der Träume … … in genau diesem Augenblick kommst du dort an … …

Distanzierung vom Bewussten. Du stehst auf einer riesigen Wiese, die schöner aussieht als jede Wiese, die du zuvor gesehen hast … … Hier gibt es sattgrünes Gras und viele Blumen in allen nur erdenklichen Farben … … Vielleicht gibt es auch einige freundliche Insekten hier … … Bienen, die ihre Arbeit verrichten … … Du hörst Vögel singen und das Plätschern eines kleinen Baches … … Du schaust nach oben in den Himmel … … Das Wetter ist genau so wie du es am liebsten hast … … Wenn du die Sonne magst, dann soll es ein Sommersonnenhimmel sein … … oder du liebst den Wind, dann kann es ein wolkiger Herbsthimmel sein … … Vielleicht bevorzugst du sogar Regen und Sturm, dann regnet es in deinem Land der Träume … … Alles unterliegt deinem Wunsch und deinem Willen … …

Bewusstseinsreinigung. Du gehst unter den Ästen eines großen blühenden Apelbaumes hindurch und plötzlich fallen weiße Blütenblätter vom Baum herab … … Du bleibst stehen und schaust den taumelnden Blütenblättern des Baumes zu … … Zuerst sind es einige wenige, dann immer mehr und mehr … … Es regnet weiße Blütenblätter, die sanft und weich zu Boden fallen … … Einige bleiben an deinem Körper hängen, in deinen Haaren, an deinen Armen und Beinen … … und am Boden sammeln sich immer mehr weiße Blütenblätter, die ihn wie Schnee bedecken und weiß färben … … Du fängst die Blütenblätter mit geöffneten Händen … … und mit einem großen Schritt gehst du unter den Ästen des Baumes hindurch und setzt deinen Weg fort … …

Konfrontation und Klärung. Du gehst über eine wunderschöne Wiese und genießt die Entspannung … … Du gehst einfach spazieren … … Es ist warm und angenehm hier … … gerade so, wie du es am liebsten hast … … Vielleicht gibt es ja singende Vögel oder bunte Schmetterlinge auf deiner Wiese … … oder andere Tiere, die du gerne magst … … Du selbst entscheidest, was es hier alles gibt … … Und du entscheidest, was hier geschieht … … Du suchst dir einen schönen Platz auf deiner Wiese … … vielleicht unter einem Baum im Schatten … … oder lieber auf der offenen Wiese unter der Sonne … … Vielleicht gibt es ja auch eine Hängematte, in die du dich legen kannst … … Du machst es dir bequem … … so bequem wie es irgendwie geht … … Dann denkst du darüber nach, dass du auf den Alkohol verzichten willst, denn er soll dein Leben nicht bestimmen ... ... Du selbst willst dein Leben bestimmen ... ... und aus der Vergangenheit weißt du, dass das nicht immer so leicht war ... ... Also überlegst du dir, wer oder was dir dabei helfen kann ... ... Manchmal gibt es Freunde, die uns helfen können ... ... die uns trösten können oder Mut machen, wenn es einmal schwer wird dem Alkohol zu widerstehen ... ... Es kann auch andere Menschen geben, die uns gerne helfen ... ... Partner ... ... Kollegen ... ... oder andere, die in deinem Leben eine Rolle spielen ... ... Nun wäre es gut, wenn es eine höhere Macht gäbe ... ... eine Instanz, die mehr Einfluss haben kann und mit einer viel größeren Kraft und Stärke helfen kann ... ... Du rufst also eine Instanz an, an die du glauben kannst ... ... Vielleicht glaubst du ja an Gott oder an einen Schutzengel ... ... Vielleicht glaubst du auch eher an das Schicksal oder an Fügung ... ... Oder du glaubst an das Universum oder an die Natur ... ... Vielleicht glaubst du ja auch an eine starke Instanz in dir selbst ... ... An irgendetwas glaubt jeder Mensch ... ... Und die Instanz, an die du am besten glauben kannst ... ... deine Helfer-Instanz rufst du jetzt an und bittest um Hilfe ... ... Du sagst: Lieber Gott ... ... oder lieber Schutzengel der Alkoholgefährdeten ... ... oder liebes Universum ... ... liebe Instanz tief in mir selbst ... ... Hilf mir doch bitte, dass ich auf den Alkohol verzichten kann, auch und gerade dann, wenn der Stress so groß ist und ich Angst habe ... ... Ich brauche deine Hilfe, denn ich weiß, dass es nicht immer so leicht ist, den Alkohol stehen zu lassen ... ... Hilf mir doch auch, alle meine Kräfte zu mobilisieren, um es zu schaffen und mir selbst immer wieder zu sagen, dass ich keinen Alkohol brauche ... ... wenn ich Lust auf ein Glas Bier oder einen Schnaps verspüren sollte ... ... Hilf mir dann, ganz deutlich zu spüren, dass es mir ohne Alkohol viel besser geht ... ... Du sagst weiter: Hilf mir aber auch dabei, dass ich mich selbst annehmen und aushalten kann ... ... auch bei dem Gedanken an das Trinken ... ... selbst dann, wenn ich doch noch einmal trinken sollte, obwohl ich es nicht will ... ... Hilf mir dann, das schlechte Gewissen abzuschalten und zu wissen, dass ich sofort wieder aufhören kann ... ... Und selbst wenn das nicht so gelingen sollte ... ... wäre es schön, wenn ich mich selbst annehmen und lieben kann ... ... mit oder ohne Alkohol ... ... Du bedankst dich schon jetzt für die Hilfe, die du bekommen wirst und gehst weiter über deine Wiese ... ...

Schritt in die Gegenwart. Du kommst zum Fluss des Lebens, hörst das Wasser fließen … … Du stehst am Ufer und schaust auf das klare Wasser des Flusses … … Dann gehst du am Ufer entlang und vor dir erscheint ein goldenes Boot … … Es entsteht plötzlich vor deinen Augen … … das Boot der inneren Freiheit, das dich in die Gegenwart bringt … … in die einzige Zeit, die es tatsächlich gibt … … Vergangenheit ist nur eine Vorstellung davon, was früher einmal war, Zukunft wird zur Gegenwart der nächsten Sekunde … … Du steigst in das goldene Boot … … Es glitzert und funkelt im Licht der Sonne … … Du nimmst die goldenen Paddel und ruderst los, mit festen und entschlossenen Zügen ruderst du zur anderen Seite … … Zug um Zug näherst du dich dem gegenüber liegenden Ufer und kommst im Augenblick der Gegenwart an … …

Kreative Neuausrichtung. Du steigst aus dem Boot und gehst auf der anderen Seite deinen Weg weiter … … Du lässt den frischen Duft der Blumen und der Gräser wirken und spürst diese frische Natur ganz intensiv … … Du stellst dir vor, wie es sein wird, wenn du schon lange Zeit nicht mehr getrunken hast … … dich dabei vollkommen wohl fühlst … … stolz bist, dass du es geschafft hast, ganz leicht auf Alkohol zu verzichten, weil du ihn einfach nicht brauchst … … und dich über deinen großen Erfolg so richtig freuen kannst … … jeden Tag … … Dann pflückst du Blumen, die du auf der Wiese findest … … weiße Gänseblümchen für die Reinheit und Klarheit in dir … … hellblaue Vergissmeinnicht für das Loslassen des Trinkens … … goldgelbe Butterblumen, die dich daran erinnern, dass das ganze Leben ein Lernprozess ist … … und rote Mohnblumen als Zeichen deiner Selbstachtung und Selbstliebe … … Liebe von dir für dich … …

Selbstversöhnung. Dann hörst du Kinderstimmen im Wind … … Die Gruppe der glücklichen Kinder läuft über die Wiese zu dir hin … … und allen voran läuft das Kind, das so aussieht wie du, dein inneres Kind … … Das innere Kind ist so froh, dass du dich von dem Alkohol verabschiedet hast … … auch von der Vorstellung des Trinkens … … vor allem aber freut es sich, dass du jeden Tag darauf achten willst, ohne Alkohol zurecht zu kommen und es vertraut dir, dass du genau das schaffst … … Du schenkst deinem inneren Kind den Blumenstrauß, den du gepflückt hast … … als Zeichen dafür, dass du es ernst meinst und wirklich auf dich achten wirst … … auf das Trinken verzichtest … … Das Kind schenkt dir eine kleine goldene Kugel als Glücksbringer … … Dann verabschiedet sich das Kind und läuft mit der Gruppe der glücklichen Kinder zum Horizont … …

Achtsamkeit und Selbsttreue. Dann gehst du über die Blumenwiese und kommst zu einem Apfelbaum … … An dem Baum hängen leuchtend rote Äpfel … … Du pflückst den größten Apfel, den du finden kannst und beißt hinein … … Er schmeckt süß und saftig … … Du machst es dir unter dem Baum bequem … … eine rote Wolldecke lädt dich zum Ausruhen ein … … Du legst dich auf die Decke und isst den roten Apfel und mit jedem Bissen wird es wärmer in dir … … Du schließt die Augen und fängst an zu träumen … … Du träumst von Frieden und Freiheit tief in dir und von den glücklichen Kindern, die mit Körben voller roter Äpfel zum Horizont laufen … … und in deinem Traum läufst du mit ihnen … … Dann fällt dir ein, dass das Land der Träume ganz tief in dir drin ist … … Dort war es schon immer … … Ich erzähle dir nur davon … …

[Sei ganz in deinem Gefühl und spüre in deinen Körper hinein. Begegne dir selbst mit Achtsamkeit und Respekt, Achtsamkeit und Respekt für deinen Körper, für deine Gedanken und für dein Gefühl. Genieße diesen Augenblick und erlaube dir, immer wieder in diesen Zustand zurückzukehren, jeden Tag einen Hauch dieser Zuwendung zu dir selbst zu spüren. So wie du den Wind deines Atems spüren kannst. Und damit stellst du dich für heute darauf ein, wieder zurück zu kommen, wieder ganz hier in diesem Raum zu sein und wach zu werden. Dein Alltag, den du neu gestalten kannst, wartet auf dich. Öffne die Augen und sei wach!]

Suchttendenzen (Alkohol)
Vierte Sitzung (Verzicht auf Wiedergutmachung)

[Du hast viel Frustration und viel Leid in deinem Leben erfahren. Du hast sehr oft die Erfahrung gemacht, dass gerade in den schweren Zeiten deines Lebens deine Gefühle nicht ausreichend Platz hatten. Du hast geglaubt, dass du niemandem mit deinen Gefühlen zur Last fallen dürftest, hast die Erfahrung gemacht, dass deine Gefühle auch nicht immer erwünscht waren. So hast du anstrengende und leidvolle Gefühle verdrängt, aber auch angenehme und schöne, weil du alles mit dir selbst ausmachen musstest oder wolltest. Du dachtest einfach, es müsste so sein. Dann hast du dich auf den Weg gemacht, deine wahren Gefühle, die einst verdrängten und verleugneten, wieder zu finden. Du hast dir sicherlich oft gewünscht, ein anderes Leben gehabt zu haben. Oder du stellst dir immer wieder vor, wie es wohl wäre, wenn vieles anders gelaufen wäre in deinem Leben. Der Wunsch, ein anderes Leben gehabt zu haben, ist menschlich, doch er bindet dich an die Vergangenheit, die du nicht mehr brauchst. Du hast alles gelernt, was es zu lernen gibt. Aus deinen Erfahrungen kannst du auch weiterhin lernen, denn sie sind tief in dir abgespeichert. Du lernst auch ohne den Wunsch das Vergangene im Nachhinein zu ändern. Du versuchst also, deine eigene Geschichte anzunehmen, denn eine andere hast du nicht. Es gibt nur diese eine.]

Ankommen im Land der Träume. In unserer Fantasie träumen wir uns manchmal an die schönsten Orte, die wir uns ausmalen können … … wir tauchen einfach ab in eine innere Welt der Vorstellung und Kreativität … … eine Welt, in der wir beschützt und getragen sind … … eine Welt, in der uns alles gelingt und alle Wege offen stehen … … und diese Welt gibt es tatsächlich … … denn Fantasie und Wirklichkeit sind nur einen Wimpernschlag voneinander entfernt … … Also lade ich dich heute dazu ein, mit dir gemeinsam in diese Welt zu gehen … … in dieses Land der unbegrenzten Möglichkeiten tief in dir … … das Land der Träume … … Du hörst das Geräusch deines Atems wie das Rauschen des Windes, der deine Gedanken forttragen kann … … und mit dem Wind deines Atems gehst du auf die Reise in das Land der Träume … … in genau diesem Augenblick kommst du dort an … …

Distanzierung vom Bewussten. Du spürst den Wind des Traumlandes auf deiner Haut, ein warmer Sommerwind … … Er verweht die Gedanken und Erinnerungen … … die Träume und Wünsche … … Der Wind erzählt dir von Ruhe und Frieden … … Du schaust dich um und siehst eine wunderschöne Naturlandschaft mit allem, was dir gefallen kann in der Natur … … Vielleicht ausgedehnte hügelige Wiesen … … Vielleicht sollen auch viele Bäume mit reifen Früchten in deinem Traumland stehen … … oder du liebst den Blick in die Ferne und stehst deshalb auf einem Plateau, kannst in ein weites Tal blicken … … Lass die Bilder so entstehen, wie du es willst, nur du bist *der Schöpfer/die Schöpferin* deines Traumlandes … … und vielleicht zeigen sich die Bilder auch von ganz alleine und du musst sie nur anschauen … … Sieh nach oben in den Himmel und betrachte das Wetter … … oder wünsche es dir … … Sonne, wenn du magst … … oder Regen … … ganz wie du willst … … So wie es heute am besten zu dir passt, so soll das Wetter sein … …

Bewusstseinsreinigung. Du gehst unter den Ästen eines großen blühenden Apelbaumes hindurch und plötzlich fallen weiße Blütenblätter vom Baum herab … … Du bleibst stehen und schaust den taumelnden Blütenblättern des Baumes zu … … Zuerst sind es einige wenige, dann immer mehr und mehr … … Es regnet weiße Blütenblätter, die sanft und weich zu Boden fallen … … Einige bleiben an deinem Körper hängen, in deinen Haaren, an deinen Armen und Beinen … … und am Boden sammeln sich immer mehr weiße Blütenblätter, die ihn wie Schnee bedecken und weiß färben … … Du fängst die Blütenblätter mit geöffneten Händen … … und mit einem großen Schritt gehst du unter den Ästen des Baumes hindurch und setzt deinen Weg fort … …

Konfrontation und Klärung. Du kommst zu einer Mauer, die quer durch das Land der Träume geht … … Sie teilt das gesamte Land wie eine steinerne Grenze … … Du entdeckst ein eisernes Tor in der Mauer, der einzige Durchlass, der allerdings verschlossen ist … … Du gehst auf das Tor zu … … und jenseits der Mauer siehst du die Menschen, die in deinem Leben wichtig waren, in der Zeit als du deine Gefühle am meisten verleugnen musstest … … vor manchen hattest du Angst, sodass du dich ihnen mit deinen Gefühlen nicht anvertrauen konntest … … vielleicht hast du einigen auch versucht, von deinen Gefühlen zu erzählen, doch deine Gefühle wurden nicht gehört Vielleicht sind einige der Menschen jenseits der Mauer auch schon tot oder du begegnest ihnen heute einfach nicht mehr ...... andere spielen immer noch eine große Rolle in deinem Leben ...... Du begegnest ihnen immer noch oder immer wieder ...... Hier im Land der Träume entscheidest immer nur du, wer in deiner Nähe sein darf ...... hier kann und darf nur das geschehen, was du erlaubst ...... Niemand kann das eiserne Tor jemals ohne deine Zustimmung überwinden, niemand ohne deine Erlaubnis zu dir kommen ...... Hier im Land der Träume, auf der anderen Seite der Mauer, sind nur die Anteile dieser Menschen, die der Vergangenheit angehören ...... und diese bleiben für immer dort, denn dort gehören sie hin ......Dann tritt eine graue Gestalt an das eiserne Tor, dir gegenüber, auf der anderen Seite ...... Du erkennst einen Menschen, der dich besonders intensiv geprägt und beeinflusst hat ...... Regungslos bleibt diese Person auf ihrer Seite des Tores stehen ...... Hier im Land der Träume entscheidest nur du, was möglich ist ...... Niemand, den du nicht dazu einlädst, kann die Mauer überwinden und mit dir im Land der Träume sein ...... Hier geht es nur um dich und deinen Frieden ...... nur deshalb ist dieser Mensch heute hier ...... nur deshalb sind alle anderen hier ...... dann sagst du laut und deutlich, sodass alle auf der anderen Seite es hören können: *Ich nehme das Leben an, zu dem Preis, den es euch gekostet hat und zu dem Preis, den es mich gekostet hat. All das soll nicht umsonst gewesen sein. Es kann und wird Gutes daraus entstehen* ...... Du stehst immer noch am eisernen Tor und die Menschen auf der anderen Seite erstarren zu steinernen Skulpturen ...... Alle Menschen dort erstarren zu Stein, denn die Welt auf der anderen Seite der Mauer ist nur ein Schatten der Vergangenheit ...... All das ist Teil deiner Geschichte, mehr nicht ...... Du sagst noch einmal zu den steinernen Skulpturen ...... *Ich nehme das Leben an, zu dem Preis, den es euch gekostet hat und zu dem Preis, den es mich gekostet hat. All das soll nicht umsonst gewesen sein. Es kann und wird Gutes daraus entstehen* ...... Die Skulpturen jenseits der Mauer zerfallen vor deinen Augen zu Staub, der vom Wind verweht wird ...... Du drehst dich um und folgst dem Geräusch des Wassers ......

Schritt in die Gegenwart. Du kommst zum Fluss des Lebens, hörst das Wasser fließen … … Du stehst am Ufer und schaust auf das klare Wasser des Flusses … … Dann gehst du am Ufer entlang und vor dir erscheint ein goldenes Boot … … Es entsteht plötzlich vor deinen Augen … … das Boot der inneren Freiheit, das dich in die Gegenwart bringt … … in die einzige Zeit, die es tatsächlich gibt … … Vergangenheit ist nur eine Vorstellung davon, was früher einmal war, Zukunft wird zur Gegenwart der nächsten Sekunde … … Du steigst in das goldene Boot … … Es glitzert und funkelt im Licht der Sonne … … Du nimmst die goldenen Paddel und ruderst los, mit festen und entschlossenen Zügen ruderst du zur anderen Seite … … Zug um Zug näherst du dich dem gegenüber liegenden Ufer und kommst im Augenblick der Gegenwart an … …

Kreative Neuausrichtung. Der Himmel über dir ist hellblau und du findest einen schönen Platz um auszuruhen … … vielleicht auch um jetzt noch einmal zu betrauern, dass Wiedergutmachung nicht möglich ist, weil die Vergangenheit nicht mehr geändert werden kann … … Keine Vergeltung und auch kein Geschenk in der Gegenwart könnten wirklich das ungeschehen machen, was einst in unserem Leben geschehen ist … … Ausgleich und Wiedergutmachung gibt es nur für die Gegenwart in der Gegenwart … … deine Befreiung vom Alkohol lässt dich wieder in Frieden leben … … Der Himmel über dir färbt sich schließlich rot als Zeichen der Liebe für dich … … der Liebe des Traumlandes und deine Selbstliebe … … Liebe von dir für dich … … Dann schläfst du ein und träumst davon wie entspannt du jeden Tag sein kannst … … ohne Alkohol … … ganz entspannt ohne Alkohol … …

Selbstversöhnung. Dann erwachst du und schaust dich um … … Du liegst auf einer wunderschönen Blumenwiese und hörst den Klang der Natur … … das Zwitschern der Vögel … … das Plätschern des Wassers … … und im warmen Wind des Traumlandes hörst du Kinderstimmen … … Sie wiederholen immer und immer wieder diesen einen Vers … … Sie sagen für dich und mit dir gemeinsam *Ich nehme das Leben an, zu dem Preis, den es euch gekostet hat und zu dem Preis, den es mich gekostet hat. All das soll nicht umsonst gewesen sein. Es kann und wird Gutes daraus entstehen* … … Du lässt diese Worte ganz tief in dir wirken … … Vielleicht fühlt es sich befreiend und leicht an, sie zu hören oder selbst zu sagen ... ... Möglicherweise spürst du aber auch noch einen Widerstand oder ein Unwohlsein, kannst es noch nicht mit voller Überzeugung oder mit wirklich gutem Gefühl aussprechen oder hören ... ... Auch dann ist alles in Ordnung ... ... Die glücklichen Kinder glauben an diesen Vers und sie wiederholen ihn solange bis du ihn selbst aus Überzeugung fühlen kannst ... ... vielleicht ist das heute schon der Fall ... ... oder morgen ... ... oder an jedem weiteren Tag deines Lebens ein bisschen mehr ... ...

Achtsamkeit und Selbsttreue. Dann gehst du über die Blumenwiese und kommst zu einem Apfelbaum ... ... An dem Baum hängen leuchtend rote Äpfel ... ... Du pflückst den größten Apfel, den du finden kannst und beißt hinein ... ... Er schmeckt süß und saftig ... ... Du machst es dir unter dem Baum bequem ... ... eine rote Wolldecke lädt dich zum Ausruhen ein ... ... Du legst dich auf die Decke und isst den roten Apfel und mit jedem Bissen wird es wärmer in dir ... ... Du schließt die Augen und fängst an zu träumen ... ... Du träumst von Frieden und Freiheit tief in dir und von den glücklichen Kindern, die mit Körben voller roter Äpfel zum Horizont laufen ... ... und in deinem Traum läufst du mit ihnen ... ... Dann fällt dir ein, dass das Land der Träume ganz tief in dir drin ist ... ... Dort war es schon immer ... ... Ich erzähle dir nur davon ... ...

[Sei ganz in deinem Gefühl und spüre in deinen Körper hinein. Begegne dir selbst mit Achtsamkeit und Respekt, Achtsamkeit und Respekt für deinen Körper, für deine Gedanken und für dein Gefühl. Genieße diesen Augenblick und erlaube dir, immer wieder in diesen Zustand zurückzukehren, jeden Tag einen Hauch dieser Zuwendung zu dir selbst zu spüren. So wie du den Wind deines Atems spüren kannst. Und damit stellst du dich für heute darauf ein, wieder zurück zu kommen, wieder ganz hier in diesem Raum zu sein und wach zu werden. Dein Alltag, den du neu gestalten kannst, wartet auf dich. Öffne die Augen und sei wach!]

Suchttendenzen (Alkohol)
Fünfte Sitzung (Abschlussritual)

[Du hast den Alkohol losgelassen. Du bist stark, denn du hast dich rechtzeitig darum gekümmert, die Sucht nicht aufkommen zu lassen. Du hast viel erledigt, hast erkannt, dass es viele Gefühle in dir gab, die du gar nicht wahrgenommen hattest. Viele Gefühle hattest du einst verdrängt und eher das gefühlt, was du glaubtest spüren zu müssen. Doch du bist noch einmal zurück gegangen in der Zeit, um zu erleben, dass es da noch so viel in dir zu entdecken und zu erkunden gibt. Dass du dir selbst begegnen kannst und dich besser kennen lernst, wenn du auf Alkohol verzichtest. Mit klarem Verstand kannst du dann dich selbst wahrnehmen, auch schmerzhafte Gefühle, die dir nicht schaden können. Schaden können dir nur unklare Gefühle oder solche, die gar nicht deine eigenen sind. Manchmal verspürst du vielleicht doch noch den Drang, ein schnelles Glas zu trinken, um Ruhe zu finden oder dich von Problemen abzulenken. Im Alltagsstress ist es vielleicht nicht immer so leicht, dich auf dich selbst zu konzentrieren und in dich hinein zu hören und zu spüren. Doch du hast dir fest vorgenommen, standhaft zu sein und Alkohol nicht zur Erleichterung zu trinken. Deshalb gehst du heute noch einmal in das Land der Träume, um wirklich abzuschließen mit dem Alkohol.]

Ankommen im Land der Träume. In unserer Fantasie träumen wir uns manchmal an die schönsten Orte, die wir uns ausmalen können … … wir tauchen einfach ab in eine innere Welt der Vorstellung und Kreativität … … eine Welt, in der wir beschützt und getragen sind … … eine Welt, in der uns alles gelingt und alle Wege offen stehen … … und diese Welt gibt es tatsächlich … … denn Fantasie und Wirklichkeit sind nur einen Wimpernschlag voneinander entfernt … … Also lade ich dich heute dazu ein, mit dir gemeinsam in diese Welt zu gehen … … in dieses Land der unbegrenzten Möglichkeiten tief in dir … … das Land der Träume … … Du hörst das Geräusch deines Atems wie das Rauschen des Windes, der deine Gedanken forttragen kann … … und mit dem Wind deines Atems gehst du auf die Reise in das Land der Träume … … in genau diesem Augenblick kommst du dort an … …

Distanzierung vom Bewussten. Du stehst auf einem breiten Weg, der durch das Traumland führt und du gehst los ... ... Schritt für Schritt gehst du tiefer in das Land der Träume ... ... Am Rand des Weges stehen überall Flaschen mit Alkohol, die dich aber überhaupt nicht interessieren ... ... Du brauchst keinen Alkohol um zur Ruhe zu kommen oder frei zu sein ... ... Du brauchst nur dich selbst und die Welt deiner Stimmungen und Gefühle ... ... diese Welt ist das Land der Träume ... ... Deine Fantasie genügt dir ... ... Du lässt die Flaschen liegen und gehst immer tiefer in das Land der Träume ... ... Du hörst den Klang der Natur, das Singen der Vögel und das Plätschern des Wassers im Hintergrund ... ... mit den Geräuschen der Natur verlieren sich deine Gedanken und alles wird still in dir ... ... Bäume stehen am Wegesrand ... ... ihre Äste ragen über den Weg ... ...

Bewusstseinsreinigung. Du gehst unter den Ästen eines großen blühenden Apelbaumes hindurch und plötzlich fallen weiße Blütenblätter vom Baum herab ... ... Du bleibst stehen und schaust den taumelnden Blütenblättern des Baumes zu ... ... Zuerst sind es einige wenige, dann immer mehr und mehr ... ... Es regnet weiße Blütenblätter, die sanft und weich zu Boden fallen ... ... Einige bleiben an deinem Körper hängen, in deinen Haaren, an deinen Armen und Beinen ... ... und am Boden sammeln sich immer mehr weiße Blütenblätter, die ihn wie Schnee bedecken und weiß färben ... ... Du fängst die Blütenblätter mit geöffneten Händen ... ... und mit einem großen Schritt gehst du unter den Ästen des Baumes hindurch und setzt deinen Weg fort ... ...

Konfrontation und Klärung. Du stehst auf einem sandigen Boden und vor dir im goldgelben Sand liegt eine graue Kugel ... ... Es ist die Kugel des vergangenen Leidens und der alten Schuldgefühle ... ... die Kugel des Trinkens ... ... Du nimmst die Kugel des Trinkens in beide Hände, sie ist viel leichter als du dachtest ... ... Dann gehst du einfach los, lässt dich von deinem Gefühl und von der Weisheit des Traumlandes leiten und führen ... ... vertraust darauf, dass du den richtigen Weg ganz von alleine findest ... ... Du denkst darüber nach, dass du vielleicht einen Rest der Lust oder des Verlangens nach Alkohol hin und wieder noch spüren kannst, weil die Erinnerung an all das, was du einst erlebt und erlitten hast, immer wieder einmal in deine Gedanken huscht … … Vielleicht kannst du dich aber auch mit innerer Leichtigkeit an die Ereignisse und Belastungen deines Lebens erinnern, weil du tief in dir spürst, dass du von alledem gelernt hast und etwas Gutes daraus gemacht hast … … und an jedem Tag in deinem Leben deine eigene Geschichte nutzen kannst, um Gutes für dich entstehen zu lassen … … Doch auch in diesem Fall nimmst du die graue Kugel des Trinkens mit auf deinem heutigen Wege, nur für den Fall, dass die Vorstellung des Trinkens doch noch einmal so zurückkommen könnte wie früher … … Du willst diese Kugel des Trinkens heute ganz und gar loslassen … … Und sollte das Bedürfnis zu trinken eines Tages zurückkehren, dann kannst du diese wieder loslassen, weil du dich daran erinnerst, dass du es bereits geschafft hast, und dass du es heute getan hast … … Denn heute lässt du all das los, was dich noch sorgenvoll und mit Lasten an das Trinken und an den Alkohol binden könnte … … Du übergibst das Vergangene nun der Vergangenheit, in der Gewissheit, tief in dir auch weiterhin von deiner Erinnerung konstruktiv zu lernen … … von deiner wahren Erinnerung, von deinem wahren Gefühl … … Du erreichst einen sprudelnden Brunnen mit glasklarem Wasser … … eine Quelle bringt frisches Wasser direkt in den Brunnen und ein Ablaufrohr lässt das Wasser des vollen Brunnens wieder abfließen … … So ist immer nur frisches Wasser in dem Brunnen und jede Verunreinigung wird ausgewaschen durch das frische Quellwasser … … Dann nimmst du die graue Kugel des Trinkens und mit ihr jeden Gedanken an Ausgleich und Wiedergutmachung durch andere Menschen … … Du entscheidest dich dafür, dass genau dieses Loslassen eine Wiedergutmachung in der Gegenwart sein soll, eine Wiedergutmachung, die das Land der Träume dir anbietet … … Im Loslassen wird deine Gegenwart wieder gut, denn du wirst frei, noch freier als du es schon geworden bist … … Du machst dich bereit zum Loslassen, zum Übergeben des Vergangenen an die Vergangenheit, um selbst in die Gegenwart zu gehen, heute und an jedem Tag deines Lebens in der Gegenwart zu leben … … Du wirfst die graue Kugel in den Brunnen … … und im Wasser des Brunnens löst sich die graue Kugel des Trinkens auf als wäre sie aus Sand oder aus Zucker … … Sie zerfällt in kleine Körnchen, die sich langsam auflösen … … Die graue Kugel löst sich immer mehr auf und das Wasser des Brunnens wird wieder klar …

... Du bleibst solange am Brunnen stehen bis sie sich ganz und gar aufgelöst hat ... ... Dann entdeckst du einen Eimer, der neben dem Brunnen steht ... ... mit ihm schöpfst du Wasser aus dem Brunnen ... ... Dann gehst du weiter und nimmst den Eimer mit ... ...

Schritt in die Gegenwart. Du kommst zum Fluss des Lebens, hörst das Wasser fließen ... ... Du stehst am Ufer und schaust auf das klare Wasser des Flusses ... ... Dann gehst du am Ufer entlang und vor dir erscheint ein goldenes Boot ... ... Es entsteht plötzlich vor deinen Augen ... ... das Boot der inneren Freiheit, das dich in die Gegenwart bringt ... ... in die einzige Zeit, die es tatsächlich gibt ... ... Vergangenheit ist nur eine Vorstellung davon, was früher einmal war, Zukunft wird zur Gegenwart der nächsten Sekunde ... ... Du steigst in das goldene Boot ... ... Es glitzert und funkelt im Licht der Sonne ... ... Du nimmst die goldenen Paddel und ruderst los, mit festen und entschlossenen Zügen ruderst du zur anderen Seite ... ... Zug um Zug näherst du dich dem gegenüber liegenden Ufer und kommst im Augenblick der Gegenwart an ... ...

Kreative Neuausrichtung. Du stehst auf einem leeren Feld, das aussieht als wäre es gerade erst gepflügt worden ... ... Du trägst immer noch den Eimer mit dir und im Eimer das Wasser des Brunnens, in dem sich die graue Kugel aufgelöst hat ... ... Dann schüttest du dieses Wasser auf das Feld und vor deinen Augen beginnen kleine Pflanzen aus dem Boden zu wachsen, zuerst einige wenige, dann immer mehr ... ... Kleine frische Trieb wachsen aus dem Boden des ganzen Feldes ... ... mit diesem einen Eimer bringst du ein ganzes Feld zu neuer Blüte ... ... Wie in einem Zeitraffer kannst du das Wachsen und Gedeihen der Pflanzen des Feldes beobachten ... ... Blumen und Sträucher ... ... Bäume mit Früchten, die in Sekunden wachsen ... ... Alles wird neu mit dem Wasser der aufgelösten Kugel ... ... alles wird neu, in Sekundenschnelle ... ... Zeit ist nur eine Illusion ... ... alles geschieht, wenn der richtige Augenblick gekommen ist ... ... und der richtige Augenblick für die Erneuerung deines Lebens ist genau jetzt, in diesem einen Augenblick gekommen ... ...

Selbstversöhnung. Dann hörst du Kinderstimmen und schaust dich um ... ... Die Gruppe der glücklichen Kinder läuft dir entgegen ... ... Jedes von ihnen trägt einen roten Eimer mit sich und in den Eimern ist noch mehr Wasser des Brunnens ... ... und ganz vorne läuft dein inneres Kind, dieses Kind, das so aussieht wie du ... ... dieses Kind, das sein Leben genau so erlebt hat wie du ... ... dieses Kind, das du selbst bist ... ... Die Kinder schütten das Wasser ihrer roten Eimer auf das Feld, damit das Neue noch schneller entsteht und reift ... ... um dir bei der Erneuerung deines Lebens zur Seite zu stehen ... ... Dein inneres Kind kommt zu dir und sagt dir, dass es nun an der Zeit ist, dass es selbst erwachsen wird ... ... Es verabschiedet sich von dir mit einer herzlichen Umarmung ... ... Am Horizont werdet ihr euch wiedersehen, wenn das Kind genau so groß und erwachsen ist wie du ... ... heute schon oder morgen ... ... oder an jedem Tag deines Lebens für einen kurzen Augenblick ... ...

Achtsamkeit und Selbsttreue. Dann gehst du über die Blumenwiese und kommst zu einem Apfelbaum ... ... An dem Baum hängen leuchtend rote Äpfel ... ... Du pflückst den größten Apfel, den du finden kannst und beißt hinein ... ... Er schmeckt süß und saftig ... ... Du machst es dir unter dem Baum bequem ... ... eine rote Wolldecke lädt dich zum Ausruhen ein ... ... Du legst dich auf die Decke und isst den roten Apfel und mit jedem Bissen wird es wärmer in dir ... ... Du schließt die Augen und fängst an zu träumen ... ... Du träumst von Frieden und Freiheit tief in dir und von den glücklichen Kindern, die mit Körben voller roter Äpfel zum Horizont laufen ... ... und in deinem Traum läufst du mit ihnen ... ... Dann fällt dir ein, dass das Land der Träume ganz tief in dir drin ist ... ... Dort war es schon immer ... ... Ich erzähle dir nur davon ... ...

[Sei ganz in deinem Gefühl und spüre in deinen Körper hinein. Begegne dir selbst mit Achtsamkeit und Respekt, Achtsamkeit und Respekt für deinen Körper, für deine Gedanken und für dein Gefühl. Genieße diesen Augenblick und erlaube dir, immer wieder in diesen Zustand zurückzukehren, jeden Tag einen Hauch dieser Zuwendung zu dir selbst zu spüren. So wie du den Wind deines Atems spüren kannst. Und damit stellst du dich für heute darauf ein, wieder zurück zu kommen, wieder ganz hier in diesem Raum zu sein und wach zu werden. Dein Alltag, den du neu gestalten kannst, wartet auf dich. Öffne die Augen und sei wach!]

Unerklärbare Angst beim Autofahren

Erste Sitzung (Grundversion)

[*Du hast seit einiger Zeit Schwierigkeiten, mit dem Auto zu fahren, weil du eine Angst entwickelt hast, die plötzlich kommt und dich buchstäblich ausbremst. Du kannst dir diese Angst nicht erklären, weil du früher ohne Schwierigkeiten mit dem Auto fahren konntest. Möglicherweise, wenn du zurückdenkst, gab es immer schon oder häufig schon Situationen, in denen du dich im Auto nicht so wohl gefühlt hast. Vielleicht auf Brücken oder in einer engen Baustelle. Das ist normal, denn dort wird das Fahren schwieriger und irgendwie auch gefährlicher. Doch irgendwann wurde es dann so richtig schwierig für dich. Die Straße wurde zu eng, selbst dann, wenn genügend Platz da war. Die Angst fährt mit und bremst dich aus. Du fragst dich warum das so ist. Vielleicht denkst du ja, dass beim Autofahren etwas passieren muss, damit eine Angst entstehen kann, ein Unfall oder eine Gefahrensituation. Doch du weißt, dass es anders sein kann. Denn du hast keine solche Erfahrung gemacht. Die Unfälle deines Lebens fanden nicht beim Autofahren statt. Einige hast du vielleicht gar nicht als Unfall wahrgenommen, weil du daran gewöhnt bist, Schwierigkeiten und Leid zu ertragen. Du begibst dich nun also auf den Weg, deine Angst neu zu entdecken und zu verstehen und sie schließlich zu beenden.*]

Ankommen im Land der Träume. Du machst dich bereit für eine ganz besondere Reise … … eine Reise, die tief in deinen Gedanken und in deinen Gefühlen stattfindet … … irgendwo in der Kreativität deiner Fantasie … … Doch Fantasie und Wirklichkeit sind dasselbe, wenn du es zulassen kannst … … wenn du dir erlaubst, deine Fantasie die neue Wahrheit in deinem Leben sein zu lassen … … Du stellst dich also darauf ein, ganz tief in deiner Fantasie und Kreativität eine neue Wahrheit in deinem Leben zu finden … … in einem Land, in dem alles möglich ist, was du dir wünschen und erträumen kannst … … in einem Land, das ganz tief in dir selbst liegt … … das Land der Träume … … mit nur einem Atemzug gelangst du dorthin … … Diesen Atemzug kannst du jetzt machen, denn die Zeit ist nun gekommen, dorthin zu gehen und neu anzufangen … … Du gehst in das Land der Träume … …

Der heilsame Weg. Das Land der Träume ist ein magischer Ort ganz tief in dir ... ... in deinen Stimmungen und Emotionen ... ... Im Land deiner Träume kannst du alles verändern, was dich stört und belastet ... ... alles hinter dir lassen, was du endlich beenden willst ... ... Alles kann sich hier in inneren Frieden kehren ... ... und genau danach suchst du ja schon lange ... ... nach deinem inneren Frieden ... ... Du stehst an einer alten Straße, ganz am Rand neben einer Straßenlaterne, die aussieht wie die alten Laternen früher, in denen noch Gas brannte ... ... und direkt neben der Laterne steht eine bequeme Bank, auf der du platznimmst ... ... Du machst es dir bequem und sitzt im Licht der Laterne, die schwach leuchtet und die Straße und die Gegend in eine graue Farbe taucht ... ... Die Farbe Grau erinnert dich im Land der Träume daran, dass du viel Schlimmes und Leidvolles erlebt hast ... ... So viele Ereignisse und Erlebnisse deines Lebens sind wie dieses fahle graue Licht gewesen ... ... vor allem die Erlebnisse von Angst und Unsicherheit sind in deiner Erinnerung wie diese graue dunkle Straße vor dir ... ... So wurde dein Lebensweg manchmal zu einer grauen Straße, die mit Angst gepflastert ist ... ... Du spürst die Angst in verschiedenen Situationen und eben auch, wenn du mit deinem Auto auf den Straßen unterwegs bist ... ... Du siehst die schöne Landschaft abseits der grauen Straße ... ... blühende Wiesen und Felder, Bäume mit reifen Früchten ... ... doch in dem fahlen Licht siehst alles nur grau aus ... ... Die Farbe Grau zeigt dir im Land der Träume immer, dass es Erinnerungen gibt, die dich belasten, dass es Schatten der Vergangenheit gibt ... ... Diese Schatten reichen und wirken bis heute, doch du kannst sie auflösen ... ... Dann leuchtet die Laterne plötzlich weiß, sie wechselt einfach die Farbe und taucht alles in ein helles Licht ... ... Weiß ist die Farbe der Reinheit und Klarheit, der Reinigung ... ... Wo das Weiß ist, kann das Grau nicht mehr existieren, die Farbe Weiß löst die grauen Schatten der Vergangenheit im Land der Träume auf und beseitigt die alte Last vergangener Tage ... ... denn jeder Tag deines Lebens ist bereits Vergangenheit, nur der heutige ist Gegenwart, nur dieser Augenblick des weißen Lichtes ... ... Das weiße Licht zeigt dir, dass es die Hoffnung auf Befreiung von den alten Lasten im Land der Träume tatsächlich gibt ... ... Du genießt den Blick in die Umgebung und erkennst jetzt die prächtigen Farben der Natur und des Lebendigen ... ... Dann leuchtet die Laterne in der Farbe Goldgelb, die Farbe der Sonneblumen und der reifen Kornfelder ... ... Die Farbe Goldgelb zeigt dir, dass du in einem Prozess der Erneuerung und des Lernens bist ... ... Die Farbe Goldgelb ist im Land der Träume die Farbe des Lernens und Verstehens und des Erkennens ... ... und du erkennst, dass es an der Zeit ist, alte Gedankenpfade zu verlassen, um dich selbst zu befreien ... ... Das goldgelbe Licht hilft dir dabei, denn du kannst erkennen und verstehen und frei werden ... ... Dann strahlt dich die Laterne mit hellblauem Licht an und taucht die Straße und die Gegend ganz und gar in ein schönes Hellblau ... ... Die Farbe Hellblau ist die Farbe des liebevollen Annehmens und des Loslassens und Verzichtens ... ... indem du deine eigene Lebensgeschichte annehmen kannst und sie so akzeptieren kannst wie sie nun mal war, befreist du dich selbst noch mehr, denn du verzichtest damit auf den Wunsch, die Vergangenheit ändern zu wollen ... ... ein sehr menschlicher Wunsch, vielleicht auch ein schöner Traum ... ... Doch ändern kannst du das bereits Geschehene nicht mehr ... ... Das hellblaue Licht der Straßenlaterne hilft dir also beim Akzeptieren und beim Loslassen, vor allem auch beim Loslassen deines schlechten Gewissens und deiner stillen Schuldgefühle ... ... Du hast oft gedacht, dass du alleine verantwortlich wärst für dein Leben ... ... für alle Schwierigkeiten und Probleme ... ... Du hast die Schuld bei dir gesucht, wenn etwas schief gelaufen ist ... ... weil niemand da war, der dir gesagt hätte, dass du unschuldig warst ... ... niemand, der dir gesagt hat, dass er dich liebt und dass du unschuldig bist ... ... Du tauchst ganz ein in das hellblaue Licht und spürst seine Wirkung tief in dir ... ... Du hörst in dich hinein und tief im Inneren hörst du die Botschaft des Traumlandes, das dir sagt: *Zer*brechen ist kein *Ver*brechen ... ... Manches in deinem Leben ist zerbrochen ... ... im Äußeren ... ... aber auch in deinem Inneren ... ... in deinem Vertrauen ... ... in deiner Seele ... ... Doch alles kann anders werden ... ... denn auch wenn du die Vergangenheit nicht mehr ändern kannst, so kannst du doch die Gegenwart ändern ... ... Gerade im Annehmen der eigenen Lebensgeschichte und im Loslassen des schlechten Gewissens, das niemals dein eigenes Gefühl war sondern nur entstehen konnte, weil niemand für dich da war, liegt auch die Möglichkeit der Befreiung und des Neuanfangs ... ... Die Farbe hellblau erinnert dich im Land der Träume immer wieder daran ... ... Dann leuchtet die Laterne silbern ... ... Dieses besondere Licht gibt es nur im Land der Träume ... ... Es zeigt dir, dass gerade das Besondere hier möglich ist ... ... dass du hier im Land der Träume Ziele erreichen kannst und wirst, die du selbst nicht für möglich gehalten hast ... ... Das silberne Licht zeigt dir, dass du auf deine Kraft vertrauen kannst und alles wird neu ... ... Deine Lebensgeschichte soll nicht umsonst gewesen sein ... ... es kann und wird viel Gutes daraus entstehen ... ... und das Gute, das aus deiner Lebensgeschichte entsteht, ist deine Kraft und Stärke, die dir ab heute ein selbstbestimmtes und angstfreies Leben ermöglicht ... ... in innerem Frieden ... ... Frieden mit dir selbst ... ... Dann beginnt die Laterne rot zu leuchten ... ... Das rote Licht taucht die Straße und das ganze Land in ein wunderschönes Rot ... ... Verliebte Menschen schenken sich rote Blumen oder malen rote Herzen als Zeichen der Liebe ... ... Hier im Land der Träume geht es vor allem um Selbstliebe ... ... Es geht darum, dass du dich selbst gut finden kannst ... ... dass du dich selbst annehmen und akzeptieren kannst ... ... dass du dich selbst schließlich auch lieben kannst, so wie du bist ... ... genau so wie du bist ... ... Du tauchst ganz und gar ein in das rote Licht und genießt die Wärme, die von ihm ausgeht ... ... und tief im Inneren spürst du die Botschaft der Farbe Rot, die dir im Land der Träume sagt: Liebe dich selbst wie du bist ... ... Liebe dich selbst, so wie du bist ... ... Die Farbe Rot zeigt dir hier und überall im Land der Träume, dass es auf deine Selbstliebe ankommt ... ... Liebe von dir für dich ... ... Liebe von dir für dich ... ... und schließlich leuchtet die Laterne golden ... ... Goldenes Licht gibt es nur hier im Land der Träume, das wertvollste Licht der Welt. Die Farbe Gold bringt reine Lebenskraft hervor ... ... Gold ist die Farbe der ursprünglichen Kraft tief in dir ... ... die Farbe deiner Lebenskraft, die du hier im Land der Träume finden kannst ... ... Sie liegt in der Schöpfung der Natur ... ... Sie liegt in dir selbst ... ... die größte Kraft, die dir zur Verfügung steht ... ... Du findest sie heute und an jedem Tag deines Lebens tief in dir ... ... Dann legst du dich auf die Bank, um es dir noch gemütlicher zu machen und ein bisschen zu schlafen ... ... Du erinnerst dich daran, dass du so oft mit dir alleine warst, mit all deinen Gefühlen und Gedanken, die du so gerne jemandem erzählt hättest ... ... schon als Kind hast du das oft erlebt ... ... und auch später in deinem Erwachsenenleben hast du immer wieder Gefühle und Stimmungen in dir gehabt, die du nicht richtig mitteilen konntest oder durftest ... ... Du hast auch nicht mehr daran geglaubt, dass es irgend jemanden geben kann, der sie wirklich hören will ... ... Doch du bist jetzt angekommen ... ... angekommen im Land der Träume und damit auch bei dir selbst ... ... Jetzt kann eine neue Zeit beginnen ... ...

Emotionale Verankerung und Motivation. Das Land der Träume ist ein Land tief in dir selbst ... ... Es steht dir jederzeit offen, du kannst hier sein, wann immer du willst ... ... denn im Land der Träume fühlst du wieder, was du wirklich fühlst ... ... Hier denkst du wieder, was du wirklich denkst ... ... Hier erkennst du wieder, wer du wirklich bist ... ... Hier kannst du auch immer jemanden finden, der dir zuhört ... ... das ganze Land lauscht, wenn du von dir und deinen Gefühlen erzählst ... ... Die Zeit der auferlegten Gefühle und Gedanken ist vorbei ... ... Du kennst jetzt das Land der Träume und kannst seine besondere Geschichte erleben ... ... Die Geschichte davon, dass du früher keine Möglichkeit hattest, deine eigenen Gefühle zu erzählen ... ... Diese Geschichte ist auch deine Geschichte ... ... die Geschichte deiner Angst und deiner Schuldgefühle ... ... Im Land der Träume wird sie dann auch zu dem Weg deiner Befreiung und zu deiner inneren Heilung ... ... Du machst dir also noch einmal klar, dass das Land der Träume ganz tief in dir drin ist ... ... Dort war es schon immer ... ... Ich erzähle dir nur davon ... ...

[Sei ganz in deinem Gefühl und spüre in deinen Körper hinein. Begegne dir selbst mit Achtsamkeit und Respekt, Achtsamkeit und Respekt für deinen Körper, für deine Gedanken und für dein Gefühl. Genieße diesen Augenblick und erlaube dir, immer wieder in diesen Zustand zurückzukehren, jeden Tag einen Hauch dieser Zuwendung zu dir selbst zu spüren. So wie du den Wind deines Atems spüren kannst. Und damit stellst du dich für heute darauf ein, wieder zurück zu kommen, wieder ganz hier in diesem Raum zu sein und wach zu werden. Dein Alltag, den du neu gestalten kannst, wartet auf dich. Öffne die Augen und sei wach!]

Unerklärbare Angst beim Autofahren
Zweite Sitzung (Vergangenheitsbewältigung)

[Du kennst die Angst beim Autofahren gut, denn du hast sie seit einer gewissen Zeit regelmäßig. Mehr noch, sie ist bereits spürbar, wenn du nur daran denkst, mit dem Auto fahren zu wollen oder zu müssen. Dann hast du schon versucht, möglichst das Fahren zu vermeiden. Das geht nicht immer oder erschwert dir zumindest den Alltag ungemein. Daher hast du dich bereits auf den Weg gemacht, diese Angst zu verstehen, sie irgendwie nachvollziehen zu können und dann zu verändern. Du weißt inzwischen, dass Angst nicht immer dort entsteht, wo wir sie erleben. Eine Angst beim Autofahren muss also nicht bei einem Unfall entstanden sein, nicht einmal in Zusammenhang mit dem Fahren oder dem Auto überhaupt. Manchmal wird es einfach zu viel in unseren Gefühlen. Manchmal gibt es Ängste, die schon sehr lange da sind und uns tief im Inneren belasten. Dann verdrängen wir sie, weil wir gelernt haben, zu funktionieren. Du hast gelernt, zu funktionieren und weiter zu machen, auch und gerade dann, wenn es sehr schwer wird. So hast du Angst immer wieder beherrscht und kontrolliert bis sich zu viel davon angesammelt hat und sie ein Ventil gefunden hat. Dieses Ventil ist bei dir das Autofahren. Sie zeigt sich genau dort, bahnt sich ihren Weg, weil die Belastungen im Lauf der Jahre zuviel wurden.]

Ankommen im Land der Träume. Du machst dich bereit für eine ganz besondere Reise … … eine Reise, die tief in deinen Gedanken und in deinen Gefühlen stattfindet … … irgendwo in der Kreativität deiner Fantasie … … Doch Fantasie und Wirklichkeit sind dasselbe, wenn du es zulassen kannst … … wenn du dir erlaubst, deine Fantasie die neue Wahrheit in deinem Leben sein zu lassen … … Du stellst dich also darauf ein, ganz tief in deiner Fantasie und Kreativität eine neue Wahrheit in deinem Leben zu finden … … in einem Land, in dem alles möglich ist, was du dir wünschen und erträumen kannst … … in einem Land, das ganz tief in dir selbst liegt … … das Land der Träume … … mit nur einem Atemzug gelangst du dorthin … … Diesen Atemzug kannst du jetzt machen, denn die Zeit ist nun gekommen, dorthin zu gehen und neu anzufangen … … Du gehst in das Land der Träume … …

Distanzierung vom Bewussten. Du stehst auf einem breiten Weg im Land der Träume und gehst zu Fuß ein paar Schritte ... ... Du schaust in die Landschaft und genießt den Blick in die Natur ... ... Du siehst eine wunderschöne Graslandschaft soweit das Auge reicht ... ... und der Weg, auf dem du gehst, führt über eine wellige Landschaft mit vielen kleinen Hügeln ... ... geht auf und ab ... ... und heute bist du so unbeschwert und entspannt, dass du einfach beschließt, diesem Weg zu folgen, als Wanderer das Land der Träume zu erkunden ... ... Du spürst den warmen Wind des Traumlandes auf deiner Haut, der deine Gedanken mit nimmt und sanft weiter trägt ... ... So gehst du Schritt für Schritt, immer tiefer in das Land der Träume hinein und deine Gedanken ziehen immer weiter mit dem Wind ... ... es wird ruhiger in dir und du spürst die Leichtigkeit tief in dir ... ...

Bewusstseinsreinigung. Du schaust nach oben, in den Himmel und siehst dichte, graue Wolken ... ... Dann beobachtest du einen weißen Lichtstrahl, der durch die Wolken hindurch zum Boden geht ... ... Der Strahl dehnt sich langsam aus ... ... zu einer Säule aus weißem Licht ... ... Du gehst auf die Lichtsäule zu und streckst deine Hände in das Licht ... ... Deine Hände und deine Arme werden von dem Licht erfasst ... ... dein ganzer Körper wird von dem Licht erfasst, das sich langsam weiter ausdehnt ... ... und schließlich stehst du innerhalb der Lichtsäule und tauchst damit ganz und gar ein in das weiße Licht, das jedes Grau auflöst ... ... Du schaust nach oben und beobachtest, wie die grauen Wolken sich weiß färben ... ... Die Wolken leuchten rein und klar, in einem wunderschönen Weiß ... ... und mit einem großen Schritt gehst du aus der Lichtsäule nach draußen in das Land der Träume ... ...

Konfrontation und Klärung. Du richtest den Blick nach vorne, schaust geradeaus ... ... und vor dir auf dem Weg steht eine Kutsche mit zwei Pferden ... ... Am Einstieg hängt ein goldenes Schild mit deinem Namen, denn sie steht hier für dich bereit ... ... Die Pferde haben auf dich gewartet ... ... Sie kennen den Weg, du brauchst also nur einzusteigen ... ... Dann steigst du in die Kutsche und die Fahrt geht los ... ... Du lehnst dich zurück, machst es dir auf der weichen Sitzbank bequem und lässt die Pferde führen ... ... Der Weg führt schließlich mitten durch ein reifes Weizenfeld … … Die goldgelben Halme biegen sich im Wind, pendeln hin und her … … Es sieht so aus, als ginge eine Welle durch das goldgelbe Feld … … Dann siehst du am Rand des Weges große Schilder, wie die Schilder einer Autobahn, doch diese hier sind weiß … … Du kannst noch nichts darauf erkennen, denn sie sehen aus wie Leinwände, die einfach weiß sind … … Die Pferde werden langsamer und die Kutsche hält an dem ersten Schild an … … Du schaust auf diese weiße Fläche, die langsam tatsächlich zur Leinwand wird, denn du kannst Bilder auf dem Schild erkennen … … Du siehst ein Bild von dir selbst, siehst dein Gesicht … … dann siehst du dich selbst in einem Auto sitzen und siehst auch die Angst in deinem eigenen Gesicht … … Als nächstes siehst du Bilder aus deiner Kindheit … … vor allem solche, die dir zeigen, in welchen Situationen du einst Angst hattest … … Du erinnerst dich daran, wie es damals war … … Du hattest Angst, doch es war niemand da, der dir dort raus helfen konnte oder wollte … … Du warst auf dich gestellt … … Die Bilder zeigen sich ganz von alleine … … Vielleicht erkennst du in den Bildern oder Erinnerungen, die du jetzt gerade hast, nicht einmal Angst, doch sie haben mit deiner Angst zu tun … … So wie du einst gelernt hast, Angst mit dir selbst auszumachen, so kann es auch jetzt beim Betrachten der Bilder sein, dass du sie nicht mehr mit Angst in Verbindung bringst … … doch das ist nicht schlimm, denn du bist im Land der Träume, stehst am Verkehrsschild der Angstursachen und siehst hier genau die Bilder, die dir zeigen, in welcher Zeit deine heutige Angst bereits geboren wurde … … Lass die Bilder einfach da sein … … selbst wenn du nichts erkennen solltest, die Bilder sind in dir und helfen dir heute, denn heute ist es anders als damals … … heute lernst du von den gleichen Bildern und Gefühlen wie das eben geht, die Angst zu spüren und aus ihr Kraft und Mut zu schöpfen … … Du lernst jetzt tief in dir, die alte Angst zuzulassen, denn sie war das Gefühl, das du vor langer Zeit hattest … … Du erinnerst dich und speicherst die Erinnerung ab … … das geht ganz von alleine, du musst dafür nichts tun … … Das Land der Träume macht es für dich … … So lernt dein tiefes Inneres, aus der früheren Angst deine Stärke und Kraft zu entwickeln … … wirkliche Gefahren zu erkennen und mit ihnen dort umzugehen, wo sie tatsächlich liegen … … Auf der Straße sind sie nicht … … Dort kannst du stark sein … … Die Fahrt geht weiter … … Die Pferde verlassen den Weg und laufen quer durch das goldgelbe Feld ... ... Schließlich bleibt die Kutsche stehen und du steigst aus, um auf deinen eigenen Beinen Schritt für Schritt weiter zu gehen ... ...

Schritt in die Gegenwart. Du entdeckst einen goldenen Ballon, der zur Abfahrt bereit steht ... ... Der Korb ist aus purem Gold gefertigt ... ... die Seile und der Ballon glitzern wunderschön golden ... ... der Ballon der inneren Freiheit, den du nur dann findest, wenn die Zeit gekommen ist, das Vergangene ganz hinter dir zu lassen und sie loszulassen ... ... wenn die Zeit dazu reif ist, ganz und gar in deiner Gegenwart anzukommen, denn nur in dieser Zeit kannst du wirklich sein und leben ... ... nur in der Gegenwart kannst du dein Leben gestalten und neu erschaffen ... ... Eine andere Zeit gibt es nicht ... ... Du steigst also in den Korb und der Ballon beginnt zu steigen ... ... Er trägt dich hoch über das Land der Träume und du schläfst ein ... ... doch die Fahrt im Ballon geht weiter ... ... Dann landet der goldene Ballon auf einer Blumenwiese und setzt dich im Augenblick der Gegenwart ab ... ...

Kreative Neuausrichtung. Du öffnest die Augen und schaust dich um ... ... Vor dir im Gras liegt ein silberner Spiegel. Du nimmst in ihn die Hand und schaust hinein ... ... Im Spiegel siehst du dich selbst, du schaust in dein eigenes entspanntes und angstfreies Gesicht ... ... und im Hintergrund siehst du dein eigenes Auto stehen, wie auf einem Foto ... ... Dann schaust du dir selbst im Spiegel zu wie in einem Film ... ... Du beobachtest dich selbst dabei, wie du in dein Auto steigst und dabei völlig ruhig und gelassen bist ... ... ein Bild deiner nahen Zukunft ... ... und Zukunft beginnt schon in der nächsten Sekunde ... ...

Selbstversöhnung. Im Wind hörst du plötzlich eine feine Stimme, die deinen Namen ruft ... ... die Stimme eines Kindes und du schaust in alle Richtungen, suchst das Kind, das dich ruft ... ... Dann entdeckst du es, denn es läuft geradewegs auf dich zu ... ... Dieses Kind sieht genau so aus wie du als Kind ausgesehen hast ... ... Es ist das Kind in dir, das mit all seinen Sorgen und Nöten noch in dir wartet, aber auch mit all seiner Hoffnung und Zuversicht ... ... dein inneres Kind ... ... Es kommt zu dir und umarmt dich, drückt sich ganz fest an dich und freut sich, dass du zu deiner eigenen Befreiung im Land der Träume bist … … zu deiner und zu seiner Befreiung … … dann läuft eine ganze Gruppe von Kindern über die Blumenwiese, die Gruppe der glücklichen Kinder, die singen und tanzen und spielen … … Sie laufen zum Horizont, denn dort beginnt die Zukunft … … deine Zukunft … … Dein inneres Kind verabschiedet sich liebevoll von dir und läuft hinterher, um die Gruppe der glücklichen Kinder zu erreichen und dich am Horizont wieder zu treffen … … vielleicht heute schon oder morgen … … oder an jedem Tag deines Lebens für einen kurzen Augenblick … …

Achtsamkeit und Selbsttreue. Dann gehst du über die Blumenwiese und findest ein Tomatenfeld mit lauter reifen, leuchtend roten Tomaten … … Du gehst durch das Feld und siehst überall das rote Leuchten der reifen Früchte … … Es erinnert dich an die Farbe der Selbstliebe … … der Liebe von dir für dich … … und je mehr du über das Gefühl der Selbstliebe nachdenkst und in dich hinein spürst, um sie zu fühlen, desto mehr fällt dir überall das rote Leuchten auf … … wie rot leuchtende Lampen … … Vielleicht spürst du die Selbstliebe in dir sehr deutlich … … oder du nimmst dir noch etwas Zeit, sie stärker werden zu lassen … … Du spürst jedoch die größer werdende innere Freiheit und freust dich darüber … … Du fängst an zu lächeln und dann wird dein Lächeln zu einem lauten und herzhaften Lachen, das durch das Land der Träume hallt … … Dann machst du dir noch einmal klar, dass das Land der Träume ganz tief in dir drin ist … … Dort war es schon immer … … Ich erzähle dir nur davon … …

[Sei ganz in deinem Gefühl und spüre in deinen Körper hinein. Begegne dir selbst mit Achtsamkeit und Respekt, Achtsamkeit und Respekt für deinen Körper, für deine Gedanken und für dein Gefühl. Genieße diesen Augenblick und erlaube dir, immer wieder in diesen Zustand zurückzukehren, jeden Tag einen Hauch dieser Zuwendung zu dir selbst zu spüren. So wie du den Wind deines Atems spüren kannst. Und damit stellst du dich für heute darauf ein, wieder zurück zu kommen, wieder ganz hier in diesem Raum zu sein und wach zu werden. Dein Alltag, den du neu gestalten kannst, wartet auf dich. Öffne die Augen und sei wach!]

Unerklärbare Angst beim Autofahren
Dritte Sitzung (Loslassen der Schuldgefühle)

[Wenn du über deine Angst beim Autofahren nachdenkst, dann spürst du auch schnell das schlechte Gewissen. Dein Gewissen meldet sich immer dann, wenn etwas nicht so richtig gelingt oder funktioniert, wenn du spürst, dass du Schwierigkeiten hast. Und wenn du dann Probleme hast, wie eben die Angst, welche die Autofahrt zum Schrecken macht, dann fühlst du dich schuldig. Doch das Land der Träume lehrt uns, dass wir niemals schuldig sein können für Gefühle, die wir haben, weder für die angenehmen noch für die schmerzhaften. Sie sind einfach da und wir müssen mit ihnen umgehen. Du kannst also auch daran arbeiten, deine Schuldgefühle zunächst anzuerkennen und dann loszulassen. Denn genau genommen sind es Scheingefühle, die nur entstanden sind, weil du einst gelernt hast, immer verantwortlich zu sein. Doch du bist nicht immer verantwortlich und Verantwortung bedeutet auch nicht Schuld. Du hast so häufig und so lange die Erfahrung gemacht, dass du alleine mit dir und deinen Problemen klar kommen musstest, dass du schließlich auch immer dich selbst als alleine verantwortlich betrachtet hast. Oft hat jemand gefehlt, der dir gesagt hätte, dass alles in Ordnung ist, dass du unschuldig und liebenswert bist. Das Land der Träume sagt es dir. Du bist unschuldig.]

Ankommen im Land der Träume. Du machst dich bereit für eine ganz besondere Reise … … eine Reise, die tief in deinen Gedanken und in deinen Gefühlen stattfindet … … irgendwo in der Kreativität deiner Fantasie … … Doch Fantasie und Wirklichkeit sind dasselbe, wenn du es zulassen kannst … … wenn du dir erlaubst, deine Fantasie die neue Wahrheit in deinem Leben sein zu lassen … … Du stellst dich also darauf ein, ganz tief in deiner Fantasie und Kreativität eine neue Wahrheit in deinem Leben zu finden … … in einem Land, in dem alles möglich ist, was du dir wünschen und erträumen kannst … … in einem Land, das ganz tief in dir selbst liegt … … das Land der Träume … … mit nur einem Atemzug gelangst du dorthin … … Diesen Atemzug kannst du jetzt machen, denn die Zeit ist nun gekommen, dorthin zu gehen und neu anzufangen … … Du gehst in das Land der Träume … …

Distanzierung vom Bewussten. Du sitzt auf einem Hügel und schaust in das Land, siehst Berge und Täler, Flüsse und Seen und alles ist ruhig ... ... Du genießt die Stille und die Melodie der Natur ... ... Du hörst Wasser plätschern und in dem Geräusch des Wassers verlieren sich deine Gedanken als würden sie mit dem Wasser eines kleinen Baches davon fließen ... ... Jetzt ist gar nichts wichtig, jetzt darfst du einfach einmal ausruhen und entspannen ... ... Deine Gedanken ziehen weiter und du spürst die Ruhe des Traumlandes tief in dir und wirst genau so ruhig ... ... mit jedem Atemzug ruhiger ... ... Dein Blick wandert umher ... ...

Bewusstseinsreinigung. Du schaust nach oben, in den Himmel und siehst dichte, graue Wolken ... ... Dann beobachtest du einen weißen Lichtstrahl, der durch die Wolken hindurch zum Boden geht ... ... Der Strahl dehnt sich langsam aus ... ... zu einer Säule aus weißem Licht ... ... Du gehst auf die Lichtsäule zu und streckst deine Hände in das Licht ... ... Deine Hände und deine Arme werden von dem Licht erfasst ... ... dein ganzer Körper wird von dem Licht erfasst, das sich langsam weiter ausdehnt ... ... und schließlich stehst du innerhalb der Lichtsäule und tauchst damit ganz und gar ein in das weiße Licht, das jedes Grau auflöst ... ... Du schaust nach oben und beobachtest, wie die grauen Wolken sich weiß färben ... ... Die Wolken leuchten rein und klar, in einem wunderschönen Weiß ... ... und mit einem großen Schritt gehst du aus der Lichtsäule nach draußen in das Land der Träume ... ...

Konfrontation und Klärung. Du stehst auf einer alten Straße, die so aussieht wie die Straßen früher ausgesehen haben ... ... mit Pflastersteinen und mit Schlaglöchern, staubig und trocken ... ... Die Straße sieht so aus als wäre schon ewig niemand mehr über sie gegangen oder gefahren ... ... Du entdeckst die Kutsche, mit der du schon einmal gefahren bist und gehst darauf zu ... ... Du steigst wie selbstverständlich ein, denn du weißt, dass sie für dich hier steht, dass sie erneut auf dich gewartet hat ... ... Du machst es dir bequem ... ... Die Pferde laufen los, die Fahrt beginnt ... ... Du siehst einen Wald, durch den die alte Straße führt ... ... der Wald deiner Gedanken, tief im Land der Träume ... ... Alle deine Gedanken sind hier und warten auf dich, jeder einzelne Gedanke, den du einst gedacht hast ... .. jeder Gedanke, den du noch denken wirst ...

... und auch jeder Gedanke, den du in diesem Augenblick haben könntest ... ... Du fährst immer tiefer in diesen Wald und es wird dunkler, doch du fühlst dich wohl, weil du weißt, dass die Pferde dich sicher leiten ... ... Dann werden sie langsamer und schließlich halten die Pferde mitten im Wald an ... ... Da entdeckst du auf der Straße eine große graue Kugel, die den Weg nach vorne versperrt ... ... Du steigst aus der Kutsche und gehst zu der Kugel ... ... Es ist die Gedankenkugel deines schlechten Gewissens, sie versperrt deinen Weg schon lange ... ... Du rollst die Kugel zur Kutsche, sie ist leichter als du dachtest, sodass du sie leicht bewegen kannst ... ... Dann hebst du sie in die Kutsche, um sie mitzunehmen ... ... Du steigst wieder ein und die Fahrt geht weiter ... ... Dann denkst du darüber nach, dass der größte Teil deines schlechten Gewissens und deiner Schuldgefühle nicht wirklich zu dir gehört, denn du hast nur gelernt, schuldig zu sein ... ... Du hast geglaubt, dass es so wäre, weil du so oft Verantwortung alleine tragen musstest ... ... Doch das war nicht dein wirkliches Gefühl, nicht dein wahres Gefühl ... ... Du hattest andere Gefühle als Schuld ... ... Du spürtest damals Einsamkeit und Hilflosigkeit ... ... Du warst auf dich gestellt und hattest Angst, doch die durftest du nicht haben ... ... Es war niemand da, der sie sehen oder miterleben wollte oder konnte ... ... Du hättest jemanden gebraucht, der dir geholfen hätte ... ... Heute hast du das Land der Träume, das dir hilft ... ... Die Kutsche nähert sich dem Waldrand und schließlich geht die Fahrt wieder durchs offene Gelände ... ... Auf der linken Seite siehst du einen steilen Abhang und an diesem Hang steht ein altes, hellblaues Autowrack ... ... Die Kutsche hält an ... ... Du gehst zu dem alten Auto, das lange Zeit nicht gefahren wurde und inzwischen kaputt ist, und du nimmst die graue Kugel mit ... ... Du öffnest den Kofferraum des alten hellblauen Autos, das irgendwie auch so ähnlich aussieht wie dein eigenes Auto, nur ist es im Land der Träume eben hellblau und schrottreif ... ... Du öffnest den Kofferraum und legst die graue Kugel deines schlechten Gewissens dort hinein ... ... Du brauchst es nicht mehr, denn es waren niemals deine eigenen Gefühle, die dich so ausgebremst haben ... ... Du verschließt den Kofferraum und schiebst das Wrack an ... ... Du schiebst es zum Abhang bis es von selbst anfängt zu fahren und den Hang hinunter rollt ... ... Dann lässt du los ... ... Das hellblaue Auto rollt von alleine den Hang hinunter ... ... und im Kofferraum liegt das alte schlechte Gewissen mit allen Schuldgefühlen, die du nicht mehr brauchst ... ... Das Auto rollt ganz tief in das Tal der ewigen Stille, wo es als Erinnerung der Zeit verbleibt ... ... als Denkmal einer vergangenen Epoche ... ... und du fühlst dich gleichzeitig unglaublich leicht und frei ... ... Du gehst von dem Abhang weg, richtest den Blick nach vorne ... ...

Schritt in die Gegenwart. Du entdeckst einen goldenen Ballon, der zur Abfahrt bereit steht ... ... Der Korb ist aus purem Gold gefertigt ... ... die Seile und der Ballon glitzern wunderschön golden ... ... der Ballon der inneren Freiheit, den du nur dann findest, wenn die Zeit gekommen ist, das Vergangene ganz hinter dir zu lassen und in sie loszulassen ... ... wenn die Zeit dazu reif ist, ganz und gar in deiner Gegenwart anzukommen, denn nur in dieser Zeit kannst du wirklich sein und leben ... ... nur in der Gegenwart kannst du dein Leben gestalten und neu erschaffen ... ... Eine andere Zeit gibt es nicht ... ... Du steigst also in den Korb und der Ballon beginnt zu steigen ... ... Er trägt dich hoch über das Land der Träume und du schläfst ein ... ... doch die Fahrt im Ballon geht weiter ... ... Dann landet der goldene Ballon auf einer Blumenwiese und setzt dich im Augenblick der Gegenwart ab ... ...

Kreative Neuausrichtung. Du wachst auf und es fühlt sich an als erwachtest du aus einem jahrelangen Tiefschlaf ... ... gut erholt und mit neuer Kraft ausgestattet stehst du auf ... ... Du entdeckst ganz in deiner Nähe ein silbernes Auto und gehst dort hin ... ... Du steigst ein und startest den Motor ... ... Du fährst quer über die Blumenwiese, folgst einfach deinem Gefühl und es macht dir Spaß, mit dem silbernen Auto zu fahren und wieder frei von Angst und Furcht zu sein ... ... Du stellst dir vor, wie schön das sein wird, auch in deinem wachen Alltag wieder so entspannt und leicht zu fahren ... ... Doch heute genießt du erst einmal die freie Fahrt im Land der Träume ... ... freie Fahrt ... ...

Selbstversöhnung. Dann siehst du dein inneres Kind, das unter einem kleinen Baum steht ... ... Du hältst an und das Kind steigt ein ... ... Es freut sich so, dass du die alte Angst und das schlechte Gewissen losgelassen hast, denn es waren auch seine Angst und sein schlechtes Gewissen ... ... Das Kind ist mit dir freier geworden, mehr noch als du selbst es spüren kannst ... ... Zum Dank schenkt es dir einen knallroten dicken Apfel ... ... Ihr schaut euch an und ihr müsst beide lachen, weil ihr euch so frei und so leicht wie lange nicht fühlt ... ... Dann zeigt das Kind mit der Hand nach vorne und du entdeckst die Gruppe der glücklichen Kinder ... ... Sie spielen auf der Wiese und dein inneres Kind sagt dir, dass es zu ihnen will, um mit ihnen zu spielen und glücklich zu sein ... ... Du hältst an und umarmst das innere Kind ganz herzlich, drückst es ganz fest und lässt es dann zu den glücklichen Kindern laufen ... ... Du steigst ebenfalls aus ... ...

Achtsamkeit und Selbsttreue. Dann gehst du über die Blumenwiese und findest ein Tomatenfeld mit lauter reifen, leuchtend roten Tomaten ... ... Du gehst durch das Feld und siehst überall das rote Leuchten der reifen Früchte ... ... Es erinnert dich an die Farbe der Selbstliebe ... ... der Liebe von dir für dich ... ... und je mehr du über das Gefühl der Selbstliebe nachdenkst und in dich hinein spürst, um sie zu fühlen, desto mehr fällt dir überall das rote Leuchten auf ... ... wie rot leuchtende Lampen ... ... Vielleicht spürst du die Selbstliebe in dir sehr deutlich ... ... oder du nimmst dir noch etwas Zeit, sie stärker werden zu lassen ... ... Du spürst jedoch die größer werdende innere Freiheit und freust dich darüber ... ... Du fängst an zu lächeln und dann wird dein Lächeln zu einem lauten und herzhaften Lachen, das durch das Land der Träume hallt ... ... Dann machst du dir noch einmal klar, dass das Land der Träume ganz tief in dir drin ist ... ... Dort war es schon immer ... ... Ich erzähle dir nur davon ... ...

[Sei ganz in deinem Gefühl und spüre in deinen Körper hinein. Begegne dir selbst mit Achtsamkeit und Respekt, Achtsamkeit und Respekt für deinen Körper, für deine Gedanken und für dein Gefühl. Genieße diesen Augenblick und erlaube dir, immer wieder in diesen Zustand zurückzukehren, jeden Tag einen Hauch dieser Zuwendung zu dir selbst zu spüren. So wie du den Wind deines Atems spüren kannst. Und damit stellst du dich für heute darauf ein, wieder zurück zu kommen, wieder ganz hier in diesem Raum zu sein und wach zu werden. Dein Alltag, den du neu gestalten kannst, wartet auf dich. Öffne die Augen und sei wach!]

Unerklärbare Angst beim Autofahren

Vierte Sitzung (Verzicht auf Wiedergutmachung)

[Du hast in der letzten Zeit viel darüber nachgedacht, was in deinem Leben alles geschehen ist. Dabei hast du festgestellt, dass es häufig Situationen gab, in denen du deine eigenen Gefühle nicht zeigen konntest oder durftest. Oft hattest du den Eindruck oder sogar die Gewissheit, dass deine Gefühle nicht erwünscht waren, dass du mit deinen Gefühlen als Last empfunden wurdest. Manchmal auch hast du dich gar nicht getraut, deine wahren Gefühle zu zeigen, weil du dir nicht mehr vorstellen konntest, dass es doch jemanden geben könnte, der sie annehmen und ertragen kann. So hast du immer wieder vieles mit dir selbst ausgemacht. Dann hast du dir vorgestellt, wie es wäre, wenn alles anders gekommen wäre, wenn du immer ganz du selbst hättest sein dürfen und sein können. Vielleicht hättest du niemals eine schwere Angst entwickelt. Möglicherweise wäre dir die Angst beim Autofahren erspart geblieben. Du weißt heute, dass das Autofahren nicht wirklich problematisch für dich ist. Du fürchtest dich nicht vor dem Auto und auch nicht vor der Fahrt. Der Druck in dir ist so groß geworden, dass die Überlastung sich einen Weg gebahnt hat und diese Angst produziert hat. Du kannst sie überwinden, doch die Vergangenheit kannst du nicht mehr ändern. Sie ist vorbei, daher kannst du sie auch loslassen, auf Wiedergutmachung verzichten.]

Ankommen im Land der Träume. Du machst dich bereit für eine ganz besondere Reise … … eine Reise, die tief in deinen Gedanken und in deinen Gefühlen stattfindet … … irgendwo in der Kreativität deiner Fantasie … … Doch Fantasie und Wirklichkeit sind dasselbe, wenn du es zulassen kannst … … wenn du dir erlaubst, deine Fantasie die neue Wahrheit in deinem Leben sein zu lassen … … Du stellst dich also darauf ein, ganz tief in deiner Fantasie und Kreativität eine neue Wahrheit in deinem Leben zu finden … … in einem Land, in dem alles möglich ist, was du dir wünschen und erträumen kannst … … in einem Land, das ganz tief in dir selbst liegt … … das Land der Träume … … mit nur einem Atemzug gelangst du dorthin … … Diesen Atemzug kannst du jetzt machen, denn die Zeit ist nun gekommen, dorthin zu gehen und neu anzufangen … … Du gehst in das Land der Träume … …

Distanzierung vom Bewussten. Du stehst an einem kleinen Bach, der durch eine Wiese fließt und hörst das Wasser plätschern ... ... Es springt über die Steine im Bach, fließt einfach weiter ... ... nichts kann ein Hindernis für das Wasser sein, das immer seinen Weg findet ... ... Dann siehst du Blütenblätter, die auf dem Wasser treiben ... ... hellblaue Blütenblätter, die mit dem Wasser über die Steine springen und einfach weiter schwimmen ... ... und deine Gedanken bewegen sich genau so, hüpfen einfach davon und finden ihren Weg in die Stille ... ... Du lässt alle Gedanken los, lässt sie tanzen und springen ... ... kommen und gehen ... ... und es wird ruhiger in dir ... ... und in aller Ruhe gehst du Schritt für Schritt am Ufer des Baches entlang ... ...

Bewusstseinsreinigung. Du schaust nach oben, in den Himmel und siehst dichte, graue Wolken ... ... Dann beobachtest du einen weißen Lichtstrahl, der durch die Wolken hindurch zum Boden geht ... ... Der Strahl dehnt sich langsam aus ... ... zu einer Säule aus weißem Licht ... ... Du gehst auf die Lichtsäule zu und streckst deine Hände in das Licht ... ... Deine Hände und deine Arme werden von dem Licht erfasst ... ... dein ganzer Körper wird von dem Licht erfasst, das sich langsam weiter ausdehnt ... ... und schließlich stehst du innerhalb der Lichtsäule und tauchst damit ganz und gar ein in das weiße Licht, das jedes Grau auflöst ... ... Du schaust nach oben und beobachtest, wie die grauen Wolken sich weiß färben ... ... Die Wolken leuchten rein und klar, in einem wunderschönen Weiß ... ... und mit einem großen Schritt gehst du aus der Lichtsäule nach draußen in das Land der Träume ... ...

Konfrontation und Klärung. Du stehst plötzlich mitten auf einer Straßenkreuzung ... ... Du denkst darüber nach, dass du die Vergangenheit so gerne ändern würdest ... ... manches, das du erlebt hast, würdest du gerne ungeschehen machen, vielleicht auch einiges von dem, was du einst gesagt oder getan hast ... ... Doch all das ist nicht möglich ... ... Vergangenheit ist vorüber und daher kann sie nicht mehr geändert werden und es kann auch keine Wiedergutmachung geben ... ... was auch immer dir einst angetan wurde ... ... was auch immer dir verwehrt blieb ... ... Es kann nicht wieder gut gemacht werden, denn das wäre nur möglich, wenn die Vergangenheit tatsächlich geändert werden könnte.

… Jede Entschädigung und jeder Trost, den du bekommen könntest, würde nichts ungeschehen machen … … Du bist also heute hier, um loszulassen, um den Wunsch nach Wiedergutmachung loszulassen … … Verzeihen musst du nichts, das bleibt einzig und alleine deine eigene Entscheidung … … das Land der Träume überlässt dir selbst, ob und was oder wem du jemals verzeihen willst … … doch darauf kommt es nicht an … … Du hörst Motorengeräusche und siehst Autos, die auf dich zu fahren … … Sie nähern sich von allen Seiten der Kreuzung, doch du bleibst stehen … … Die Autos werden langsamer und halten schließlich an … … Menschen steigen aus und kommen zu dir … … Es sind Menschen, die du aus deinem Leben kennst … … Einige von Ihnen begegnen dir häufig in deiner Gegenwart … … andere hast du vielleicht in der Vergangenheit getroffen und siehst sie heute wieder … … Die Bilder der Menschen, die heute hier sein sollten, zeigen sich von ganz alleine … … Es sind die Menschen, die einen Beitrag zu deiner Angst geleistet haben … … viele von ihnen wussten nicht einmal, dass deine Angst entstehen würde … … doch irgendeinen Beitrag zu dem, was wir sind und wie wir denken und fühlen, leisten alle Menschen, die uns im Leben begegnen … … so wie wir einen Beitrag zu ihrer Entwicklung und zu ihren Gefühlen leisten … … Immer mehr Autos kommen zur Kreuzung gefahren und immer mehr Menschen steigen aus … … mit einigen hast du sicher nicht gerechnet, einige kennst du vielleicht auch gar nicht, denn nicht jeden Menschen, der in dein Leben tritt, nimmst du auch bewusst wahr … … Du entdeckst einige Menschen, die dich am meisten an deine eigene Lebensgeschichte erinnern, weil sie eine wichtige Rolle darin gespielt haben … … einige haben dir sehr geholfen, andere haben dein Leben schwerer gemacht … … Doch du bist hier, um dich von ihnen zu verabschieden … … von alledem zu verabschieden, was in der Vergangenheit war … … Du kannst ihnen jetzt sagen, was du sagen willst … … kannst in der Welt deiner Fantasie, im Land der Träume jetzt das sagen, was du schon immer sagen wolltest … … was auch immer das sein mag … … Du musst nicht freundlich sein und auch nicht höflich … … folge einfach deinem Gefühl … … *[Hier eine gefühlte halbe Minute Zeit geben]* … … Du hörst Motorengeräusche und siehst ein hellblaues, neues Auto zur Kreuzung kommen … … ein großes schnelles Auto und am Steuer sitzt dein inneres Kind, das den Wagen sicher fährt … … Es kommt, um dich abzuholen … … Das Auto hält an und du steigst ein … … Die Menschen verbleiben an der Kreuzung, du lässt sie dort zurück … … Das Kind gibt Gas und fährt immer schneller … … Du schaust dich um und siehst, wie sich die Personen auf der Kreuzung langsam in weißem Nebel auflösen … … Weit entfernt hält das Kind das Auto an und du steigst aus … … Du gehst von der Straße runter und läufst über eine Wiese … …

Schritt in die Gegenwart. Du entdeckst einen goldenen Ballon, der zur Abfahrt bereit steht … … Der Korb ist aus purem Gold gefertigt … … die Seile und der Ballon glitzern wunderschön golden … … der Ballon der inneren Freiheit, den du nur dann findest, wenn die Zeit gekommen ist, das Vergangene ganz hinter dir zu lassen und in sie loszulassen … … wenn die Zeit dazu reif ist, ganz und gar in deiner Gegenwart anzukommen, denn nur in dieser Zeit kannst du wirklich sein und leben … … nur in der Gegenwart kannst du dein Leben gestalten und neu erschaffen … … Eine andere Zeit gibt es nicht … … Du steigst also in den Korb und der Ballon beginnt zu steigen … … Er trägt dich hoch über das Land der Träume und du schläfst ein … … doch die Fahrt im Ballon geht weiter … … Dann landet der goldene Ballon auf einer Blumenwiese und setzt dich im Augenblick der Gegenwart ab … …

Kreative Neuausrichtung. Du bleibst bequem liegen und schaust in den hellblauen Himmel … … Kleine weiße Wolken ziehen im Wind der Zeit und du fängst an zu träumen … … Du träumst einen schönen Tagtraum davon, wie du in deinem wachen Alltag wieder unbeschwert und selbstverständlich mit deinem Auto fährst und dich dabei wohlfühlst … … Du stellst dir vor, dass dein inneres Kind dabei immer an deiner Seite sitzt und mit dir fährt und sich jeden Tag mit dir und für dich freut, dass du die alte Angst überwunden hast … … Du schaust in den hellblauen Himmel und siehst dort wie auf einer riesigen Leinwand ein Bild von dir selbst im Auto … … entspannt und gelassen … … ganz entspannt und ganz gelassen … …

Selbstversöhnung. Dann hörst du ein Auto hupen und schaust über die Blumenwiese … … Dein inneres Kind fährt noch immer mit dem hellblauen Auto durch das Land der Träume … … es genießt diese Fahrt über die Wiesen und Felder … … abseits der befestigten und eingefahrenen Wege … … Hier im Land der Träume ist alles möglich … … hier gibt es keine Grenzen und Hindernisse … … Hier ist das Kind in dir frei und ohne Angst … … Du schaust ihm dabei zu, wie es mit dem Auto so fröhlich durch das Land der Träume fährt und du stehst auf … … Du gehst weiter, um deinen eigenen Weg zu gehen … … deinen Weg durch das Land der Träume und durch deinen wachen Alltag … …

Achtsamkeit und Selbsttreue. Dann gehst du über die Blumenwiese und findest ein Tomatenfeld mit lauter reifen, leuchtend roten Tomaten … … Du gehst durch das Feld und siehst überall das rote Leuchten der reifen Früchte … … Es erinnert dich an die Farbe der Selbstliebe … … der Liebe von dir für dich … … und je mehr du über das Gefühl der Selbstliebe nachdenkst und in dich hinein spürst, um sie zu fühlen, desto mehr fällt dir überall das rote Leuchten auf … … wie rot leuchtende Lampen … … Vielleicht spürst du die Selbstliebe in dir sehr deutlich … … oder du nimmst dir noch etwas Zeit, sie stärker werden zu lassen … … Du spürst jedoch die größer werdende innere Freiheit und freust dich darüber … … Du fängst an zu lächeln und dann wird dein Lächeln zu einem lauten und herzhaften Lachen, das durch das Land der Träume hallt … … Dann machst du dir noch einmal klar, dass das Land der Träume ganz tief in dir drin ist … … Dort war es schon immer … … Ich erzähle dir nur davon … …

[Sei ganz in deinem Gefühl und spüre in deinen Körper hinein. Begegne dir selbst mit Achtsamkeit und Respekt, Achtsamkeit und Respekt für deinen Körper, für deine Gedanken und für dein Gefühl. Genieße diesen Augenblick und erlaube dir, immer wieder in diesen Zustand zurückzukehren, jeden Tag einen Hauch dieser Zuwendung zu dir selbst zu spüren. So wie du den Wind deines Atems spüren kannst. Und damit stellst du dich für heute darauf ein, wieder zurück zu kommen, wieder ganz hier in diesem Raum zu sein und wach zu werden. Dein Alltag, den du neu gestalten kannst, wartet auf dich. Öffne die Augen und sei wach!]

Unerklärbare Angst beim Autofahren

Fünfte Sitzung (Abschlussritual)

[Du hast verstanden, dass es eine lange Zeit der Überforderung war, die zu deiner Autoangst geführt hatte. Die Angst hatte eigentlich gar nichts mit dem Auto selbst oder mit Gefahren im Straßenverkehr zu tun. Das war nur eine Art Ventil, durch das sich deine innere Anspannung entladen konnte. Du hast die Angst losgelassen, weil du dich wieder um dich selbst gekümmert hast. Vielleicht gibt es noch einen Rest der Unsicherheit oder du befürchtest, dass eines Tages, vielleicht in vielen Jahren erst, wieder Furcht beim Autofahren aufkommen könnte. Also gehst du heute noch einmal in das Land der Träume, um jede Vorstellung der Angst loslassen zu können. Nicht nur heute loslassen, sondern immer wieder, wann auch immer die Angst aufkommen könnte. Dazu kannst du die kraft des Traumlandes nutzen, die immer deine eigene Kraft ist. Sie wartet tief in dir und war schon immer da. Jetzt weißt du es und kannst von ihr profitieren. Kannst sie für dich nutzen. Sie wird dir helfen, immer wieder die Vergangenheit loszulassen, denn du brauchst sie nicht mehr. Du hast alles gelernt, was es zu lernen gab, hast deine eigene Lebensgeschichte angenommen, denn eine andere hast du nicht. Vielleicht gefällt sie dir nicht ganz, doch du kannst mit ihr leben.]

Ankommen im Land der Träume. Du machst dich bereit für eine ganz besondere Reise ... ... eine Reise, die tief in deinen Gedanken und in deinen Gefühlen stattfindet ... ... irgendwo in der Kreativität deiner Fantasie ... ... Doch Fantasie und Wirklichkeit sind dasselbe, wenn du es zulassen kannst ... ... wenn du dir erlaubst, deine Fantasie die neue Wahrheit in deinem Leben sein zu lassen ... ... Du stellst dich also darauf ein, ganz tief in deiner Fantasie und Kreativität eine neue Wahrheit in deinem Leben zu finden ... ... in einem Land, in dem alles möglich ist, was du dir wünschen und erträumen kannst ... ... in einem Land, das ganz tief in dir selbst liegt ... ... das Land der Träume ... ... mit nur einem Atemzug gelangst du dorthin ... ... Diesen Atemzug kannst du jetzt machen, denn die Zeit ist nun gekommen, dorthin zu gehen und neu anzufangen ... ... Du gehst in das Land der Träume ... ...

Distanzierung vom Bewussten. Du stehst auf einer breiten Straße, die auf einen Wald zuführt, der im Land der Träume immer nur der Wald deiner eigenen Gedanken und Erinnerungen ist ... ... Die Straße hat eine silberne Farbe ... ... es ist die neue Straße deines Lebens ... ... oder die Straße deines neuen Lebens, ganz wie du willst ... ... Du gehst Schritt für Schritt und näherst dich dem Wald ... ... voller Vertrauen gehst du hinein, denn du weißt längst, dass du im Land der Träume immer sicher bist ... ... dass du im Land der Träume immer zu dir selbst findest ... ... Schritt für Schritt ... ... Schritt für Schritt ... ... Du schaust in den dichten Wald, siehst große und kleine Bäume ... ... alte Bäume, die schon ewig hier stehen, andere sind noch jung und wieder andere sind gerade erst am Entstehen ... ... so wie deine Gedanken ... ... manche gibt es schon viele Jahre ... ... andere sind später erst entstanden ... ... und in jedem Augenblick deines Lebens entstehen neue Gedanken ... ... Gedanken und Ideen ... ...

Bewusstseinsreinigung. Du schaust nach oben, in den Himmel und siehst dichte, graue Wolken ... ... Dann beobachtest du einen weißen Lichtstrahl, der durch die Wolken hindurch zum Boden geht ... ... Der Strahl dehnt sich langsam aus ... ... zu einer Säule aus weißem Licht ... ... Du gehst auf die Lichtsäule zu und streckst deine Hände in das Licht ... ... Deine Hände und deine Arme werden von dem Licht erfasst ... ... dein ganzer Körper wird von dem Licht erfasst, das sich langsam weiter ausdehnt ... ... und schließlich stehst du innerhalb der Lichtsäule und tauchst damit ganz und gar ein in das weiße Licht, das jedes Grau auflöst ... ... Du schaust nach oben und beobachtest, wie die grauen Wolken sich weiß färben ... ... Die Wolken leuchten rein und klar, in einem wunderschönen Weiß ... ... und mit einem großen Schritt gehst du aus der Lichtsäule nach draußen in das Land der Träume ... ...

Konfrontation und Klärung. Du stehst plötzlich auf einer Lichtung im Wald, der im Land der Träume immer der Wald deiner Gedanken ist ... ... Der Boden der Lichtung ist mit weichem Moos bedeckt und in der Mitte liegt eine goldene Kugel, so groß wie ein Ball ... ... es ist deine Traumkugel ... ... In ihr kannst du die Kraft des Traumlandes speichern und mitnehmen ... ... die Kraft, die deine eigene Kraft ist ... ... Du setzt dich auf den weichen Boden und schaust die glitzernde, funkelnde Goldkugel an … … Dann denkst du an deine Erfolge zurück … … Vielleicht denkst du, dass du nicht oft erfolgreich warst, doch das stimmt nicht … … Du warst und bist erfolgreich … … schon als kleines Kind hast du Erfolge gehabt … … Vielleicht hast du einmal etwas zusammengebaut oder ein Puzzle zusammengesetzt und warst so richtig stolz, als du es geschafft hattest … … oder du hast etwas auseinandergebaut und zerlegt, um es von innen zu erforschen und für dich war das ein Erfolg … … Du hast Grenzen überwunden, bist vielleicht auf einen Baum geklettert oder über eine hohe Mauer und wusstest vorher nicht, ob du es schaffen würdest … … Doch es ist gelungen und war ein Erfolg … … Vielleicht hast du in der Schule einmal eine gute Note geschafft, obwohl du nicht damit gerechnet hattest … … oder als erwachsene Person hast du etwas erreicht, was du dir vorher nicht zugetraut hattest … … Es gab Erfolge, an die du dich jetzt erinnerst … … Doch selbst wenn dir gar nichts einfallen sollte, deine Erfolge sind hier … … der Wind des Traumlandes weht sie zur Lichtung im Wald … … Du siehst goldene Körnchen im Wind schweben, ganz feinen goldenen Staub und jedes Staubkörnchen steht für einen kleinen Erfolg in deinem Leben … … Der goldene Staub schwebt direkt in die goldene Kugel und bringt deine Erfolgskraft mit … … Dann erinnerst du dich an Dinge, die du einst loslassen musstest … … Spielzeuge, die kaputt gegangen sind oder die du nicht mehr gefunden hast … … Freunde, die gegangen sind … … Menschen, die du verloren hast, weil sie gestorben sind … … Beziehungen, die zerbrochen sind … … So vieles musstest du schon loslassen in deinem Leben … … Das war oft schmerzhaft, doch im Loslassen liegt auch immer die Chance, Neues zu ergreifen … … Du kannst loslassen, auch deine Angst oder den Rest, der noch von deiner Angst da sein könnte … … Und sollte die Angst eines Tages stärker werden, dann kannst du sie erneut loslassen … … Es gab Dinge, Menschen und Ereignisse, die du einst losgelassen hast … … Du erinnerst dich jetzt daran … … Doch selbst wenn dir gar nichts einfallen sollte, deine Fähigkeit des Loslassens ist hier … … der Wind des Traumlandes weht sie zur Lichtung im Wald … … Du siehst goldene Körnchen im Wind schweben, ganz feinen goldenen Staub und jedes Staubkörnchen steht für etwas, das du einst losgelassen hast in deinem Leben … … Der goldene Staub schwebt direkt in die goldene

Kugel und bringt deine Kraft des Loslassens mit … … Dann nimmst du die goldene Kugel in die Hand und trägst sie mit dir … … Du gehst zwischen den Bäumen hindurch und spürst die Kraft der goldenen Kugel, die deine eigene Kraft ist … … Du kommst zum Waldrand und gehst nach draußen auf eine Wiese … …

Schritt in die Gegenwart. Du entdeckst einen goldenen Ballon, der zur Abfahrt bereit steht … … Der Korb ist aus purem Gold gefertigt … … die Seile und der Ballon glitzern wunderschön golden … … der Ballon der inneren Freiheit, den du nur dann findest, wenn die Zeit gekommen ist, das Vergangene ganz hinter dir zu lassen und in sie loszulassen … … wenn die Zeit dazu reif ist, ganz und gar in deiner Gegenwart anzukommen, denn nur in dieser Zeit kannst du wirklich sein und leben … … nur in der Gegenwart kannst du dein Leben gestalten und neu erschaffen … … Eine andere Zeit gibt es nicht … … Du steigst also in den Korb und der Ballon beginnt zu steigen … … Er trägt dich hoch über das Land der Träume und du schläfst ein … … doch die Fahrt im Ballon geht weiter … … Dann landet der goldene Ballon auf einer Blumenwiese und setzt dich im Augenblick der Gegenwart ab … …

Kreative Neuausrichtung. Du wirst wach und die goldene Kugel mit deiner besonderen Kraft liegt neben dir … … Du überlegst dir, dass du diese goldene Kugel jeden Tag nutzen kannst, denn sie enthält die Kraft des Traumlandes … … die Kraft, die Angst immer wieder loszulassen, wann auch immer sie aufkommen könnte … … Du nimmst dir vor, die goldene Kugel mit dir zu tragen … … Du hältst sie fest in deinem Arm und kannst sie mitbringen in deinen wachen Alltag … … Beim Autofahren legst du sie dann auf den Beifahrersitz oder ins Handschuhfach … … So kann dir die Kraft des Traumlandes jeden Tag helfen, ohne Angst mit deinem Auto zu fahren … … jeden Tag … …

Selbstversöhnung. Dein inneres Kind kommt zu dir, um dich ein letztes mal zu begrüßen … … Alles ist getan, was getan werden musste … … Du hast alles erledigt und die Angst beendet … … Jetzt kann auch das Kind in dir ganz und gar frei werden und seinen Weg gehen … … Es verabschiedet sich von dir und bedankt sich für deine Anstrengung und

Hilfe ... ... Am Horizont werdet ihr euch wiedersehen, denn dort wartet das Kind auf dich ... ... Am Horizont beginnt deine Zukunft und Zukunft beginnt mit dem nächsten Wimpernschlag ... ...

Achtsamkeit und Selbsttreue. Dann gehst du über die Blumenwiese und findest ein Tomatenfeld mit lauter reifen, leuchtend roten Tomaten ... ... Du gehst durch das Feld und siehst überall das rote Leuchten der reifen Früchte ... ... Es erinnert dich an die Farbe der Selbstliebe ... ... der Liebe von dir für dich ... ... und je mehr du über das Gefühl der Selbstliebe nachdenkst und in dich hinein spürst, um sie zu fühlen, desto mehr fällt dir überall das rote Leuchten auf ... ... wie rot leuchtende Lampen ... ... Vielleicht spürst du die Selbstliebe in dir sehr deutlich ... ... oder du nimmst dir noch etwas Zeit, sie stärker werden zu lassen ... ... Du spürst jedoch die größer werdende innere Freiheit und freust dich darüber ... ... Du fängst an zu lächeln und dann wird dein Lächeln zu einem lauten und herzhaften Lachen, das durch das Land der Träume hallt ... ... Dann machst du dir noch einmal klar, dass das Land der Träume ganz tief in dir drin ist ... ... Dort war es schon immer ... ... Ich erzähle dir nur davon ... ...

[Sei ganz in deinem Gefühl und spüre in deinen Körper hinein. Begegne dir selbst mit Achtsamkeit und Respekt, Achtsamkeit und Respekt für deinen Körper, für deine Gedanken und für dein Gefühl. Genieße diesen Augenblick und erlaube dir, immer wieder in diesen Zustand zurückzukehren, jeden Tag einen Hauch dieser Zuwendung zu dir selbst zu spüren. So wie du den Wind deines Atems spüren kannst. Und damit stellst du dich für heute darauf ein, wieder zurück zu kommen, wieder ganz hier in diesem Raum zu sein und wach zu werden. Dein Alltag, den du neu gestalten kannst, wartet auf dich. Öffne die Augen und sei wach!]

Buchreihe: Im Land der Träume

Fantasiereisen für Erwachsene. Band 1 *ISBN: 978-3-7322-8620-1*
Selbstachtung und Selbstwertgefühl; Gewalt gegen die Mutter

Fantasiereisen für Erwachsene. Band 2 *ISBN: 978-3-7322-8627-0*
Psychosomatik; Panikanfälle

Fantasiereisen für Erwachsene. Band 3 *ISBN: 978-3-7322-8571-6*
Einschlafstörungen; Übergewicht und Essanfälle

Fantasiereisen für Erwachsene. Band 4 *ISBN: 978-3-7322-8572-3*
Sexueller Missbrauch durch Priester; Gewalt in der Kindheit

Fantasiereisen für Erwachsene. Band 5 *ISBN: 978-3-7322-8574-7*
Suchttendenzen (Alkohol); Angst beim Autofahren

Fantasiereisen für Erwachsene. Band 6 *ISBN: 978-3-7322-8581-5*
Burnout; Trauerbewältigung

Fantasiereisen für Erwachsene. Band 7 *ISBN: 978-3-7322-8605-8*
Prüfungsangst; Kontrollzwänge

Fantasiereisen für Erwachsene. Band 8 *ISBN: 978-3-7322-8608-9*
Ticstörungen; Schwangerschaftsabbruch

Fantasiereisen für Erwachsene. Band 9 *ISBN: 978-3-7322-8610-2*
Fehlgeburt; Flugangst

Fantasiereisen für Erwachsene. Band 10 *ISBN: 978-3-7322-8611-9*
Existenzangst; Hypochondrie

Weitere Fantasiereisen und Trancegeschichten

Wellen am Horizont. Trancegeschichten *ISBN: 978-3-8391-1394-3*
Trancegeschichten zu verschiedenen Themen

Heilsame Fantasien. Trancegeschichten *ISBN: 978-3-8391-0899-4*
Trancegeschichten zu verschiedenen Themen

Fang wieder an zu leben. Trancegeschichten *ISBN: 978-3-7322-4695-3*
Trancegeschichten zu Abbruch- und Umbruchsituationen

Spiegelbilder im See. Trancegeschichten *ISBN: 978-3-7322-9736-8*
Trancegeschichten zum Thema Beziehungen

Feuer am Wasserfall. Trancegeschichten *ISBN: 978-3-7322-9782-5*
Trancegeschichten zum Thema Gefühle und Stimmungslagen

Frieden mit dem inneren Kind. Trancegeschichten *ISBN: 978-3-7357-8853-5*
Trancegeschichten zur Vergangenheitsbewältigung mit dem inneren Kind

Im Land der Sternenkinder. Trancegeschichten *ISBN: 978-3-7322-8624-9*
Trancegeschichten für Eltern von Sternenkindern

Diesseits der Sternenbrücke. Trancegeschichten *ISBN: 978-3-7322-8623-2*
Trancegeschichten für Pflegekräfte

Die neue Audioreihe (CD, mp3) von und mit Ingo Michael Simon
Audio-CD (mp3) zur Vorbereitung auf die Zulassungsprüfung
der Heilpraktiker für Psychotherapie

In der Sendereihe *„Die therapeutische Stunde"* veranstaltet Autor und Heilpraktiker für Psychotherapie Ingo Michael Simon regelmäßig Webcasts (Broadcasts im Internet) mit Lerngruppen. Zu ausgewählten Themen der Psychotherapie und Psychiatrie unterrichtet der erfahrene Therapeut frei gesprochen wie in seinen Seminaren und beantwortet während der Sendung eingehende Fragen der Zuhörer. Von allen Sendungen werden Liveaufzeichnungen gemacht und auf *CD im Buchhandel* veröffentlicht.

Infos zu bereits veröffentlichten Sendungen und geplanten Themen erhalten Sie auf der Website www.praxissimon.de. Alle bereits veröffentlichten CDs können im Buchhandel und auf der Website des Autors bestellt werden.

Buchreihe: Zehn Hypnosen

Zehn Hypnosen. Band 1: Raucherentwöhnung *ISBN: 978-3-8391-1838-2*

Zehn Hypnosen. Band 2: Angst und Unruhezustände *ISBN: 978-3-7322-4734-9*

Zehn Hypnosen. Band 3: Burn Out *ISBN: 978-3-7322-4717-2*

Zehn Hypnosen. Band 4: Übergewicht reduzieren *ISBN: 978-3-7322-4569-7*

Zehn Hypnosen. Band 5: Vergangenheitsbewältigung *ISBN: 978-3-7322-4719-6*

Zehn Hypnosen. Band 6: Suizidgedanken und Suizidversuche *ISBN: 978-3-7322-4722-6*

Zehn Hypnosen. Band 7: Psychoonkologie *ISBN: 978-3-7322-4725-7*

Zehn Hypnosen. Band 8: Zwänge und Tics *ISBN: 978-3-7322-4726-4*

Zehn Hypnosen. Band 9: Selbstvertrauen und Entscheidungen *ISBN: 978-3-7322-4727-*

Zehn Hypnosen. Band 10: Trauerarbeit *ISBN: 978-3-7322-4729-5*

Zehn Hypnosen. Band 11: Psychosomatik *ISBN: 978-3-7322-8515-0*

Zehn Hypnosen. Band 12: Chronische Schmerzen *ISBN: 978-3-7322-8527-3*

Zehn Hypnosen. Band 13: Depressive Gedanken *ISBN: 978-3-7322-8528-0*

Zehn Hypnosen. Band 14: Panikanfälle *ISBN: ISBN: 978-3-7322-8533-4*

Zehn Hypnosen. Band 15: Gewalterfahrungen *ISBN: 978-3-7322-8535-9*

Zehn Hypnosen. Band 16: Posttraumatischer Stress *ISBN: 978-3-7322-8538-9*

Zehn Hypnosen. Band 17: Prüfungsangst und Lampenfieber *ISBN: 978-3-7322-8546-4*

Zehn Hypnosen. Band 18: Anti-Gewalt-Training *ISBN: 978-3-7322-8549-5*

Zehn Hypnosen. Band 19: Suchttendenzen *ISBN: 978-3-7322-8550-1*

Zehn Hypnosen. Band 20: Soziale Phobie und Kontaktangst *ISBN: 978-3-7322-8557-0*

Weitere Hypnosebücher

Der Gruppenhypnose Baukasten. Textbausteine *ISBN: 978-3-7322-8634-8*

Selbsthypnose. Das Praxisbuch *ISBN: 978-3-7322-4667-0*

Hypnose kreativ gestalten. Anleitungen für die Praxis *ISBN: 978-3-8448-0308-2*

Hypnosepraxis. Ein Leitfaden der Trancearbeit *ISBN: 978-3-8370-7629-5*

Reframing in Trance. Perspektiven mit Hypnose ändern *ISBN: 978-3-8370-7639-4*

Rückführungen. Leitfaden der Reinkarnationstherapie *ISBN: 978-3-8370-7642-4*

Der Hypnosebaukasten. Textbausteine und Anleitungen *ISBN: 978-3-8391-8109-6*

Grundkurs Hypnose *ISBN: 978-3-8391-0170-4*

Suggestionen richtig formulieren *ISBN 978-3-8370-9519-7*

Suggestionstexte und Hypnosevorlagen

Hypnosetexte 1. 50 ausformulierte Suggestionstexte für den Hypnosehauptteil *ISBN: 978-3-7322-4658-8*

Hypnosetexte 2. 50 ausformulierte Suggestionstexte für den Hypnosehauptteil *ISBN: 978-3-7322-4659-5*

Hypnosetexte 3. 50 ausformulierte Suggestionstexte für den Hypnosehauptteil *ISBN: 978-3-7322-4660-1*

Hypnosetexte 4. 50 ausformulierte Suggestionstexte für den Hypnosehauptteil *ISBN: 978-3-7322-4665-6*

Hypnosetexte 5. 50 ausformulierte Suggestionstexte für den Hypnosehauptteil *ISBN: 978-3-7322-8631-7*

Hypnosetexte 6. 50 ausformulierte Suggestionstexte für den Hypnosehauptteil *ISBN: 978-3-7322-8625-6*

Heilpraktikerbücher

Heilpraktiker für Psychotherapie. Prüfungswissen
ISBN: 978-3-8334-9867-1

Heilpraktiker für Psychotherapie. Die mündliche Prüfung
ISBN: 978-3-8334-9868-8

Heilpraktiker für Psychotherapie. Die schriftliche Prüfung
ISBN: 978-3-8370-0347-5

Heilpraktiker für Psychotherapie. 20 Fallbeispiele
ISBN: 978-3-8370-1090-0

Endlich Heilpraktiker. Die häufigsten Irrtümer in der Psychotherapieprüfung *ISBN: 978-3-8370-0329-1*

Übungsaufgaben Psychotherapie. Zur Vorbereitung auf den kleinen Heilpraktiker *ISBN: 978-3-8370-0683-4*

Crashtest Psychotherapie. Zur Vorbereitung auf den kleinen Heilpraktiker *ISBN: 978-3-8370-0709-1*

Spezialtest Psychotherapie. Für kleine und große Heilpraktiker *ISBN: 978-3-8370-5838-3*

Heilpraktikerprüfung Psychotherapie. 200 kommentierte Aufgaben *ISBN: 978-3-8370-6017-1*

Diagnosetraining Psychotherapie. Ein Arbeits- und Nachschlagebuch *ISBN: 978-3-8370-4281-8*

Psychotherapie. Der Fragenkatalog. Fachwissen Heilkunde
ISBN: 978-3-8370-5396-8